なぜ税金で銀行を救うのか

庶民のための金融・財政入門

片桐幸雄

社会評論社

なぜ税金で銀行を救うのか――庶民のための金融・財政入門＊目次

はじめに（何のために金融・財政を学ぶのか）

副題に「金融・財政入門」とあるが、実際は入門書の「ようなもの」である。「ようなもの」というのは、通常の入門書のように基礎的な知識を網羅するようなものにはなっていないからだ。金融・財政の基礎的知識として、幅広い項目を網羅するのは、研究や資格取得と言った明確な動機を既に持っている読者には適している。しかし、そういう動機を持たない多くの庶民（貧乏人と言いたいが、「俺は貧乏人ではない」という読者もいるかもしれないから、「庶民」という言葉を使うことにした。私もまた「庶民」である）にとっては、膨大な基礎的項目を通読することは、苦痛になる場合の方が多い。少なくとも私はそうだった。

入門書とは、寝転んでメモをとることもなく、興味本位で読んでいるうちに、その分野に関心が湧いてくるというものではないか。しかし、庶民にとって、金融・財政の何が一体興味を呼ぶのかと考えたら、一向に答が見つからなかった。巨額の預金も大量の国債を抱えている訳ではない庶民にとっては、銀行が破綻しようと、国債が償還不能になろうと、何の関心もない。金融論が銀行の問題で、財政が国家の問題であるならば、庶民が金融や財政に関心を持つことはありえないのではないか。[注1]

イギリス経済史家である川北稔が、『イギリス近代史講義』を書いたのは、歴史学は「社会的に関心をよべる問題設定ができない」から危機に陥ってしまったという問題意識からだといっている。金融論や財政論に関していえば、「社会的に関心をよべる問題設定」をするのは歴史学以上に難しい。

金融は、その専門家が「お金でお金を生む世界は所詮虚業に過ぎないと思っている」（岩本［2011］238頁）というような分野である。注2 そんな分野に庶民が関心を持つ方がおかしい。関心がない以上、庶民には金融の話が面白くなるわけがない。一方、財政は「経済現象と非経済現象の結節点に位置している」（神野［2007］69頁）ことから、検討対象はある意味で無限の広がりを持っている。

虚業の世界の話（金融）や無限の広がりをもつ世界の話（財政）は、庶民にとっては縁のない話や、改めて知らなければならないことが余りにも多くて、それだけで気力が萎えてしまう。金融の入門書を手に取ると、金融がカバーする分野の広さに驚かされる。たとえば、本多佑三『初めての金融』を見てみよう。これは本当の入門書である。しかし目次を見ると、ビッグバンから始まって、貨幣、金融制度、金融・債権・株式の各市場、日銀（中央銀行）と金融政策、貨幣の供給、マクロ経済学、外国為替、等々といった庶民とは縁のなさそうな広範囲のものが対象となっている。財政論に関してはもっとひどくなる。日本の代表的な財政学者である神野直彦が「財政学を学ぶ刺激を与えることしかできない」ものだとした『財政学　改訂版』は、そのような限定の中で書かれたものあるにもかかわらず、「財政学のパースペクティブ」を冒頭にして、「財政学のあゆみ」、「予算」、「租税」、「財政のアウトプットとサブシステム」、「政府間税制関係」と盛り沢山ものが対象となっている。

2冊とも叙述は平明であるが、それにしても「入門」だけでこんなにも様々なことを知らなければならないのかと思うと、それだけで「入門」などしたくなくなる。この2冊は双方ともおそらく経済学部の学生を対象にしたものであろう。だから、金融や財政の全般にわたって、述べることになったのだと思う。しかし、こういうふうにあれもこれも並べられたのでは、関心の持てようはずがない。恥ずかしながら私も経済学部を卒業したことになっている。だから当時は（おそらく単位を取ることだけを目的に）こういう「入門」をしたのであろうが、その記憶は全く残っていない。関心と興味を持てなかったことが、記憶に残っていない最大の理由だと思う。

関心と興味を持つためには何よりも目標が重要になる。[注3] いいかえれば、「何のための金融論か、何のための財政論か」を問い直すことから始めなければならないということである。そういう理由から、本書は「どうして庶民の負担を重くしてまで金融機関を救う必要があるのか」という素朴な疑問に限定することにした。「入門書」としては偏った書き方かもしれないが、そうしない限り、金に縁のない庶民が金融や財政の話に関心を持てようがないと考えたからである。

注1　「国家」は「政府」といってもいい。同じようなものだから、本書ではあまり違いを厳密に意識することはしない。ただし、国家財政という用語はあっても政府財政とは滅多に言わない。逆に、政府金融とい

う言葉は耳にすることがあるが、国家金融という言葉はほとんど見ない。「国家」とするか「政府」とするかは、一般的な使われ方に従うこととする。

注2　岩本は、この文章に続いて次のようにいっている。

そして現在のシステムはこの虚業の部分をあまりにも重視し過ぎていると言わざるを得ない。モノを作って売る、あるいは知識を身に付けそれを他の人と共有して社会全体を豊かにする、という実業が重視される世界こそが本当にあるべき姿だと信じている。

岩本は長く外資系の為替ディーラーを務めてきた人間である。そういう人間からこういう発言を聞くと、労働の意味を改めて考えさせられる。

注3　第二次世界大戦前に東北大学に中国から留学していた由其民という研究者が、当時東北大学にいた宇野弘蔵の想い出を書いた文章を中国の研究所の機関誌に残した。そのことを自分もまた戦後、東北大学で教えたことのある大内秀明が、仙台で発行されている地方紙「河北新報」（2010年9月4日）で紹介したことがある。由の回想によれば、宇野に勉強の方法を尋ねたときに「そんなことは聞くものではない。どんな目標を持って勉強をするかの方が重要だ」と言われたという。そういえば、宇野の世界経済論に関する論文の題名も「世界経済論の目標と方法」であって、「方法と目標」ではなかった。目標が方法を規定するのであって、その逆ではないのである。したがって、金融や財政のことを知ろうとする場合も、何のために知識を得ようとするのかという目標が先にくる。それを明確にしてからでないと、方法の模索は無意味になる。

金融に関してはさらに、話を厄介なものにするいくつかの理由がある。ひとつは、「変化の速さ」である。金融の世界は、新しい商品が次々と開発される。その多くが投機的商品であることも問題であるが、それが好きか嫌いかにかかわらず、それによって金融の世界はどんどん変化していく。そのことから次のような発言が出てくる。

金融をめぐっては新たな動きが次々と生じていることから、それぞれのテーマに関する多くの書物を乱読し、よりリアルタイムの情報源から情報を更新していくという作業をするしかない。（池尾［2010］260頁）

［ルービニは］その日の出来事をつかみ取り、パンフレットを書き飛ばすのが経済学者の使命だとケインズが語った通り、今回の危機でブログの記事を書き飛ばして経済学者の使命をはたしただけなのだ。その意味では、嵐が過ぎ去って海が静かになるまで発言を控える姿勢を取った経済学者の方が、よほどどうかしているといえるはずである。ルービニは経済学者として、いまそこにある危機を経済学の観点から説明しようとしたのであ［る］。（山岡陽一による、ルービニ他［2010］の「訳者あとがき」、同書422―3頁）

こんなことをしなければならない人間（研究者も読者も）には「お気の毒」というしかない。金融論が乱読のような作業（勉強）をしなければならないとしたら、金融論とは一体どういう理論なのかという疑問が湧く。池尾は金融システムの最先端を追いかけることが金融論だと考えているからこういうことになるのであろう。注 しかしカネに縁のない庶民にはそういうことはほとんど意味がない。なぜならば、そんなことを知らなくても庶民は一向に困らないからだ。少なくとも「いまそこにある危機」を知るためには「多くの書物を乱読する」必要などまったくない。極論すれば、「何が危機なのか」という問題意識さえ持っていれば、数種類の新聞だけでも用は足りる。

注「それぞれのテーマに関する多くの書物を乱読し、よりリアルタイムの情報源から情報を更新していく」という方法が本当に有効なのかは疑問である。ある時代のある事件がどういう歴史的意味を持っているかは、その瞬間ではなく、あとになって初めてわかることではないか、と思うからだ。私は、1971年8月のアメリカの金本位制の放棄という一つの時代を画するような大事件に、経済学部の学生として接していながら、その重大性に気づくことは全くなかった。後から自分の間抜けさを自覚して呆然としたことだけしか覚えていない。本当に大きな事件の歴史的意味は、「親の意見」や「冷酒」のように、あとから身に滲みてくるものだ。そう思って自分を慰めた。2008年以来続いている世界的な金融危機や債務危機も、実はその意味は今騒いでいることとは全く別のところにある可能性があるし、そのことに私たちは全く気が付いていないかもしれない。

もう一つは、用語の問題である。どの分野にも専門用語はあるが、金融の世界にはとりわけそれが多い。それは金融の世界の専門性が高いからだけではなく、それが閉鎖的な集団によって動かされているためでもある。それで本書では、極力専門用語を使わないように心掛け、知っておいた方がよいと思われる用語に関しては末尾にまとめることにした。この用語集も決して金融・

財政の全般をカバーするものではないし、どうしても知っておかなければならないというものでもない。専門家が振り回す得体のしれない用語にどんな意味があるのかを多少でも知っておけば、彼らの一見難しいそうに見える議論も実態はそうではないことがわかる可能性が出てくる。そう思って、読んでもらえばいい。

1　税金で銀行を救う話

２０１０年秋、ヨーロッパの片隅の島国で大きな事件が起きた。アイルランドの金融危機といわれる事件である。２００８年からの世界的な金融不安が完治せず、2年を経てアイルランドをも飲み込んだともいえるが、この事件は金融機関だけの危機ではなかった。アメリカの経済紙Wall Street Journal（電子版）は２０１０年11月29日に、次のような記事を掲載した。

カウエン首相（当時のアイルランド首相：引用者）は28日、アイルランドでは結局「こうした（危機に陥っている金融）機関の国有比率が上がる」との見方を示した。政府による度重なる救済を受け、同国納税者は既に、バンク・オブ・アイルランドの3分の１以上を保有しているほか、アライド・アイリッシュ・バンクスの９０％以上を保有することになる。アングロ・アイリッシュ・バンクは完全に国有化されている。

欧州の当局者らは、こうした銀行の上位債権者は損失負担を強いられないとの考えを示した。

アイルランドでは過去2年おおむね、こうした銀行への怒りは「黙って耐える」ムードが優勢だった。しかし、最近はこれがフラストレーションに変わっている。

同国ではアテネで起こったような暴動はないが、27日には数万人規模の抗議活動がダブリンであった。文筆家のバレリー・ウィラン氏（58）は「（政府は）国債をデフォルトするべきだと思う」と主張。「われわれが苦しんでいるため、債権保有者は苦しまない。そんな資本主義は正気を失っている」と訴えた。

返済のための厳しい歳出削減や増税といった国民の負担を減らすため、アイルランドが国債、あるいは少なくとも国有化された銀行の債務をデフォルトにするよう求める声は多い。

「資本主義は正気を失っている」とはどこかで聞いたような言葉であるが、それはともかく、アイルランドでは貧しい庶民の負担で豊かなはずの金融機関や金融機関への投資家（これもまた金融機関である場合が多い）を救うことになった。これは転倒もはなはだしい。それが庶民の素朴な感情であろう。

アイルランドに端を発した危機は、それ以前から財政危機が深刻化していたギリシャのみならず、ポルトガル、イタリア、スペインといった地中海沿岸諸国に拡大している。「資本主義は正気を失っている」と怒っているのはアイルランドの国民だけでない。多くの諸国において、庶民を苦しめる緊縮政策に抗議するデモが繰り返されている。しかしそういう怒りを無視し、あるいは暴力的に抑えつけて、財政的手段による銀行救済策が進められようとしている。

ある大学教授は、「（金融恐慌は）資本主義経済の一つの側面を示す現象として、これほどに心をそそられるものは他にないと言って過言ではない」と言い放ったが、注1 恐らくそれは、この教授氏が金融恐慌を熟知し、自分はその影響から無縁であることを確信できているからであろう。失業や増税、年金の切り下げなどで苦しめられる庶民は、金融危機や財政危機を傍観者的に「心をそそられる」ものなどとは言っていられない。「心をそそられる」前に、少なくともいくつかの「謎」を解明しておく必要がある。次のような「謎」がすぐに思い浮かぶ。

金融機関はなぜ倒産させられずに、救済されるのか

なぜ庶民の税金が金融機関の救済に充てられるのか

資本主義はどういう意味において「正気を失っている」のか

金融危機や財政危機に書かれた論文や著作は山ほどあるが、そして危機についての金融システムの責任が指摘されることも多いが、注2 こういう素朴な疑問に答えたものにはほとんどお目にかからない。財政学や経済学の主流からすれば、残念ながら、庶民が苦しんで債権保有者が苦しまないのは、必ずしも資本主義が正気を失っている証拠にはならない。それどころか、「庶民の税金が金融機関の救済に充てられる」のは当然だとされる場合もある。

金融論や財政論を学ぶことが庶民にとって意味があるとしたら、こうした疑問を解くことではないのではなかろうか。そして庶民の負担で金融機関を救済することが当然視されるような、庶

民の普通の感覚からは遠く離れたような議論がどうして展開されることになるのかを理解し、経済学者や財政学者の主張にごまかされないようにすることではないのか。

注1　堀内昭義は、ミンスキー［1999］の「訳者解説」で以下のように言っている（同書267頁）。

金融恐慌は資本主義の歴史を彩る興味深いエピソードとして、常に多くの人々の関心を集めてきた。資本主義経済の一つの側面を示す現象として、これほどに心をそられるものは他にないと言って過言ではない。それは、剛胆な英雄、腹黒い敵役、英知溢れる調停者、無知蒙昧で慾の皮ばかりつっぱった道化役など多彩な登場人物によって演じられる悲喜劇である。この劇はわれわれに、金銭的欲望のおそるべき力と儚さを、じつに生き生きと教えてくれる。

ここに登場する「剛胆な英雄、腹黒い敵役、英知溢れる調停者、無知蒙昧で慾の皮ばかりつっぱった道化役」は庶民には縁がない。したがって、庶民は失業して、空腹になっていても、いやむしろそれだからこそ、傍観者としてこういう多彩な登場人物の繰り広げる「悲喜劇」を楽しむ権利がある、ということかもしれない。しかし失業して、空腹になっていれば、傍観してばかりもいられない。「金銭的欲望のおそるべき力と儚さ」は観客としての庶民にも増税や福祉の切り捨てという形で跳ね返ってくる。したがって、金融恐慌の原因と責任を見極めておく必要がある。また同時に、「金銭的欲望のおそるべき力と儚さ」をじっくりと観賞するためにも、この悲喜劇の通奏低音を知っておく必要がある。

注2　「ヨーロッパ復興開発銀行」の初代総裁でもあったアタリは次のように言う（アタリ［2011］38頁）。

「借金の責任について、とくに金融システムの責任について、精査しなければならない。銀行家の不始末をファイナンスするために、社会政策を削減しなければならないとしたら、これは許し難い話である」。

その経歴を考えれば、アタリも「金融システムの責任」を完全に免れている訳ではなかろう。それを自覚していて、これが「許し難い話」だというのであれば、自らも対象に入れた上で、「金融システムの責任」を追及する必要があるはずだが、彼の著書からはそういう姿勢はうかがえない。

(1) アイルランドの金融危機

私自身はアイルランドのことはほとんど知らない。丸山薫の「日が照りながら　雨のふる／アイルランドのような　田舎へゆこう」という歌に魅かれたことがあるくらいだ。丸山がアイルランドのことを「田舎」と言ったのは、はるか昔のことである。しかし、そこから「ケルトの虎」といわれる猛烈な経済発展を遂げた後、厳しい危機に見舞われたこの国が、「田舎」だったころと比べて、「豊かになった」といえるかどうかはわからない。「資本主義は正気を失っている」とするアイルランドの市民の訴えは、そのことをも考えさせてくれるような気がある。

アイルランドの銀行が危機に陥った原因はハッキリしている。銀行の融資活動が異常に拡大したからである。白井［2010］等を参考にまとめてみれば次のようになる。

アイルランドでは銀行全体の総資産の対GNP比は700%になった。総資産といっても、純資産のことではない。預金や預金以外の借入で総資産が膨れ上がっていっただけのことである。それにしてもGNP比で700%というのがいかに異常であるかは、この比率がアメリカでさえ

100%に過ぎないことを考えれば、容易に理解できる。
そのうえ銀行からの融資の多くは預金によってカバーされていたわけではなかった。融資総額を預金残高で割った比率は200%に達した。この比率は英で125%、独が94%、仏は101%であったから、ここでもアイルランドの銀行の融資行動の異常なまでの拡大ぶりがわかる。
そして、銀行の融資は多くは不動産関連部門に向かった。これには、家計の住宅ローンも含まれていたが、こんなにも不動産関連に融資が拡大すれば、当然不動産バブルが生じる。実際、政策金利よりもインフレ率が高く、実質的にマイナス金利の状態が生じていたのである（「インフレ率」の定義については用語集を参照のこと）。バブル下での融資拡大の原因は、銀行のリスク管理体制と銀行監督体制の不備にあったとされるが、それは銀行が危機に陥る原因を正当化するものでは決してないであろう。
こんなバブルがいつまでも続くものではない。2008年の景気後退により、①銀行間の資金調達の困難化、②ローンなどの不良債権化　が発生することになる。政府は、取り付け騒ぎ防止のため、銀行に対して以下のような様々な措置を講じた。
時限的措置としての預金保証範囲の拡大
市場での資金調達の政府保証
銀行への資本注入

不良資産の買取（ただし、これを低価格で買い取った場合は、銀行に損失が発生する場合があり、この場合はさらなる資本注入が必要になる）

銀行への資本注入というのは、日本でも見られたことである。増資のために株式を発行し、その株を国が引き取るというのが一般的な方法である。こうしてアイルランドの銀行の大半は国有化されるか、その株式の大半を国に保有されるかするようになった。銀行救済にかかる国の負担は、２５０億ユーロに達したという試算があるという。２５０億ユーロというのはアイルランドのＧＮＰの１５％に相当する。

ともかくこれでアイルランドの銀行は破産を回避し、アイルランドの銀行に対する債権保有者（主としてアイルランド国外の銀行）は破産による債権の消滅という事態を免れることができた。アイルランド政府の負担は結局は国民の負担に他ならない。これは、納税者の負担で銀行の債権保有者を救うということを意味する。

(2) 庶民の生活を守ることを理由に銀行は救済される

地中海諸国の国債に対するソブリン危機（用語集を参照のこと）が発生すると、これら諸国の国債を大量に購入している銀行に対する信用不安が高まった。こうした銀行を救済するためには、ソブリン危機を解消するしかない。しかしそのために国民は負担を強いられる。それどころか、こうした諸国を助けるために、ユーロ圏諸国全体で救済資金を負担する状況が生まれた。そうなれば、金融危機に陥っている諸国以外の国の民衆からも反発が出てくる。

アイルランドに金融危機が生じた２０１０年12月に既に、この救済措置は国民のためのものではなく、銀行と銀行に投資している外国人を救うためのものに過ぎないという批判がなされていたが（有田［２０１１］１３１頁）、危機の欧州全域への拡大と共に、批判は激しさを増していった。２０１１年５月26日、朝日新聞は欧州におけるナショナリスト（極右派）の台頭に関する記事を組み、その中で、フィンランドの右翼政党である「真のフィンランド人」党の党首、ティモ・ソニイの次のような発言を紹介した。

経済支援で助かるのはギリシャ人やポルトガル人ではない。（両国の国債を保有して）リスクを抱え込んだ独仏などの銀行だ。しかもＥＵ（欧州連合：引用者）域内の納税者の金で救うという。他人の失敗になぜ我々が金を出さねばならないのか。リスクをとるなら失敗の責任も引き受ける規範が必要だ。

「なぜ庶民の金で銀行を救う必要があるのか」という素朴な疑問であり、多くの庶民が感じている怒りを代弁したものといえる。またそうであるからこそ、この右翼政党が庶民に一定の支持を得ているのであろう。

もし金融機関が救済されずに資本主義システムが混乱に陥ったら、大量失業が発生する。「搾取されるよりもっとつらいことがある。それは搾取さえされないことだ」といったのは、イギリスの経済学者ジョーン・ロビンソンであったと思うが、この「搾取さえされないこと」（＝失業）を回避することが金融機関が救済される大義名分である。つまり危機に陥った金融機関をそのままにしておいたら、「金融システム全体が崩壊して、世界各国の庶民の生活が破壊されかねない」から金融機関は救済されなければならないのである。――経済学者は、そう言う。

世界経済で火事を起こした投資銀行や保険会社は破綻させて当然なのだろうか。間違いなく当然である。しかし、その結果、大火災になれば、金融システム全体が崩壊して、世界各国の庶民の生活が破壊されかねない。後に政府の救済策が非難されるとき、この点は忘れられていることが多い。確かに、財政出動の一部は無駄が多かっただろうし、救済した金融機関や企業の一部は破綻させて当然だった。だが、財政政策によって景気を刺激し、金融システムの崩壊を防いだからこそ、民間需要の底が抜けたなかで、今回の大不況が二回目の大恐慌に転じるのを防ぐことができたのである。（ルービニ他［２０１０］２４７頁）

庶民の感覚からすれば、税金を重くしてまで金融機関を救うような、「そんな資本主義は正気を失っている」ということになるが、正気の沙汰でなくても資本主義が維持されなければ、大量失業は発生する。それを防ぐためには「資本主義システムの中央本部」である金融市場（ケインズと並ぶ20世紀の大経済学者シュムペーターがそう言った）を構成する組織である金融機関は潰すわけにはいかないのである。

上のルービニの文章には「財政政策によって景気を刺激し、金融システムの崩壊を防いだ」という一文がある。これは金融危機における財政の意義を示すものである。それは金融システム全体は政府が守らなければならないということであり、これが「他人の失敗になぜ我々が金を出さねばならないのか」という疑問に対する答えとされる[注]。

政府によって救済された金融機関の幹部が巨額の報酬を報酬を手にすることは論外であるが、たとえそれを回避できたとしても、倒産してしかるべき金融機関を救うことによって、いくつかの重大な問題が生じる。一つは、「破綻しそうになったら政府が助けてくれる」という期待感から経営が野放図になるというモラル・ハザードが発生することである。もう一つは、大手の金融機関ほど政府による救済が期待できることから、金融機関の規模の違いで競争に歪みが生じる恐れも出てくることである（ドーア［2011］171―2頁）。こうした問題がありながら、金融システムの崩壊を回避するためにはその以外の選択はないとして、金融機関は救済される。

1929年に始まった世界恐慌のなかで、如何に失業を減らすかが経済政策の中心的課題となり、その過程で金融政策と財政政策を融合させたケインズの主張が経済理論の大きな流れを作っていった。「ケインズの理論は完全雇用を達成するために金融財政政策の利用を提唱しており、今や金融財政政策は極めて正当的な方法になっている」（ミンスキー［1999］xiii頁）とされる。

財政の課題として「所得再配分」と「経済活動の安定化」が挙げられることが多い。「所得再配分」が課題だとしても、まずもって所得を確保しなければならないのであり、大量失業が生じては話にならない。またそのためにこそ「経済活動の安定化」が財政の大きな課題となるのである。かつて日銀の金融政策の目標の一つに「有効需要水準の維持」が挙げられていたのも同じ理由からであろう。

つまり完全雇用が金融・財政政策の究極的目的であった。税金を使って銀行を救うことは、「銀行が救済されずに資本主義システムが混乱に陥ったら、大量失業が発生する」ということではじめて正当化される。不必要な蓄財は別として、労働して生活の糧を得るのは庶民にとっては必要不可欠なことである。ところが資本主義には景気の循環（好況と不況の反復）が不可避のものとしてある。景気が悪化すると生産の縮小とそれに伴い、失業が発生する。これを回避すること、あるいはできるだけ緩和すること、それが金融政策の目標でもあり、財政政策の課題でもある。そのことから、何らかの理由で金融機関が破綻しそうになったら、税金でもって救済することが必要であるとされる。

注　ルービニの説明にはいささか理解困難なものがある。ルービニは、「火事を出した金融機関」は破綻させて当然だが、金融システムの崩壊は防がなくてはならないという。では、火事を出した金融機関を破綻させることが金融システムの崩壊につながるのであれば、その金融機関は破綻させてはならないのであろうか。それともやはり破綻させてしかるべきなのか。以下のような文章を読むと、ルービニの真意ははかりがたい（なお、「流動性不足」と「支払い不能」については用語集を参照のこと。またＦＲＢはFederal Reserve Bord＝アメリカ連邦準備制度理事会を指す）。

ＦＲＢは介入によって、流動性不足と支払い不能の両方の金融機関を救った。このため、大手の銀行も金融機関もほとんど倒産していない。流動性をどれほど供給しても、規制対応をどれほど猶予しても立ち直ることができない金融機関が営業を続けている。日本の失われた十年の象徴となった悪名高いゾンビ銀行のように、これらの機関は倒産しなければならない。早ければ早いほどいい。

（ルービニ他［２０１０］２１４頁）

(3) 二つの二重基準

しかし税金で銀行を救う理由に関しては、政府や経済学者の説明は疑ってかかった方がいい。税金で銀行を救うという金融財政政策が本当に完全雇用を達成することになっているか、すくなくとも大量失業を防止することになっているか、といったことはこの後で見てゆくことにしたいが、それに先だってその疑わしさを示す事例を見ておくことにする。それは彼らの説明の2つの二重基準（Double Standarad）である。

第一は「救済対象の二重基準」である。身近な例がある。１９９５年の阪神・淡路大震災後の国会において、当時の大蔵省は「地震の被災者への補償は個人資産の補填であり憲法違反である」

と答弁した。ところが次の年の国会では、住宅金融専門会社（住専）の不良債権処理のために金融機関に対して6850億円の公的資金を投入することになった。1990年代の不動産バブルの崩壊によって住専は多額の不良債権を抱えるようになった。これらの住専には農林系金融機関を中心とした金融機関が大量の資金を貸し込んでおり、これらが貸し倒れになり、あるいは処理が遅れることによって金融システムの破綻が懸念された。どうしても金融システム破綻を防ぐ必要があるというのが公的資金投入の理由とされた。

個人の破綻（破産）に税金を使うのは憲法違反だから救済しないが、資本主義システムの中枢である金融機関は救済しなければならないということである。ここで、政府の考えている「守るべきもの」が何であるかがはっきりする。自然災害で個人が破綻の危機にひんしても、それは個人の責任だが、金融機関が放漫経営で危機に陥ったら、政府が何としてもこれを守る。これはどう考えても二重基準である。

政府が救おうとした金融機関は主として農林系金融機関である。農林系金融機関による住専への過剰な貸し込みは、他の金融機関が当時の大蔵省の「総量規制」によって、住専への融資が抑制されるなかで、農林系金融機関だけがその規制外に置かれるという不透明な指導の中で生じたものである。それにもかかわらず、農林系金融機関だけが税金を使って不良債権処理を行ったのである。ずさんな経営をして破綻しかけた金融機関でも、それが金融システムの破綻につながる恐れがあれば、国民の税金を使ってでも救う必要があったということになる（本多［2000］

４４頁を参照）。当時の日本はアイルランドと同じくらいに狂っていたことになる。

もう一つは「行動の二重基準」である。個人にだけ責任を問い、銀行は不問にするというのは、おかしな話だが、それ以上に変なのは、儲かりそうなときは「すべてを市場に任せよ」とし、危機に陥ると、政府に救済を求めるということであろう。「リスクはとっても、責任は負わない」という上述の「真のフィンランド人」党の党首、ティモ・ソイニの批判には、補足が必要だ。リスクをとるということはリターン（利益）を得るということと裏腹の関係がある。銀行はリスクと同時にリターンをとったのである。そうしておきながら、リスクが現実になった途端に「助けてくれ」と泣きついた。これはとんでもない話だが、驚くべきことに、僅かな例外は別にして、誰もそれを不思議に思わない。

アイルランドをはじめとして多くの資本主義諸国で金融機関（銀行）の国有化が現実的選択肢となっている。そして「金融機関の国有化は資本主義の終焉と同意義」であって、安全保障にかかる重大問題だとする意見もある（山浦嘉久「米国最大の危機は資本主義の崩壊だ」『月刊日本』２００９年4月号）[注1]。だが、金融機関の国有化自体は日本がすでに経験している。それは金融を巡る政府の規制を強化することにはなろうが、国有化は直ちに「資本主義の終焉」を意味しない。実際、銀行の国有化が議論されだしてから、それを非難した市場原理主義者はほとんどいなかった。それどころか、国有化によって皆胸をなでおろした[注2]。銀行の国有化は一時的なものであると誰もが考えていたのであり、その限りにおいて資本主義の終わりではなく、資本主義の救済に過ぎなかった。

したがって、問題は銀行の国有化それ自体にあるのではない。むしろ、銀行の国有化に市場原理主義者が反対しなかったことにある。このことは市場原理主義のいい加減さを物語っている。「市場原理主義」の旗振り役の有力な一環だったはずの日経に次のようなコラムが載ったことがある（「市場原理主義」については用語集を参照のこと）。

「経済は基本的には健全」というせりふを聞かされたら何かがうまくいっていないと考えるほうがいい。ガルブレイスは『大暴落　１９２９』（改訂版）でそう書いている。大恐慌につながる株価暴落後にフーバー大統領がそんな言い方を繰り返したからだ。
今回の金融危機でも、ブッシュ米大統領らは似たことを言っていた。だが、気休めの言葉にはもう誰も耳を貸さない。共和党大統領候補のマケイン氏は「経済の基調は強い」と発言してたたかれた。
恐怖心が支配する市場には言葉は無力だ。政府がどこまで本気で行動するのかが問われることになる。

日本経済新聞（夕刊）のコラム「波音」（２００８年10月14日）

今まで「規制緩和」だの「市場のことは市場に任せろ」だの言ってきて、危機に陥った途端に、「政府がどこまで本気で行動するのかが問われることになる」とは驚く（そもそも日経が引いているガルブレイスは市場原理主義とは対極の考えの持ち主だった）。市場が不安の払拭のためには政府に頼る以外にはないとしたら、市場の力とはいかほどのものであるのか。日経は政府の「言葉の無力」を笑う前に「市場の力」のいい加減さを自己批判するのが先ではないのか。

注1　山浦は金融機関の国有化をもってして、ブレアー米国家情報局長の警告（２００９年2月12日、同局長は米議会上院の情報委員会で、「短期的にみた安全保障上の主要な懸念材料は、地球規模の経済危機とその地政学的な影響だ」と異例の警告をした）の現実化であるとしている。

注2　ルービニは次のようなジェフリー・フランケルの皮肉を紹介している。
「戦場で蛸壺に入ったとき、無神論者はいなくなるという。だったらたぶん、金融危機のときに自由意思論者はいなくなるであろう」。（ルービニ他［２０１０］２４９頁）

当然のことではあるが、例外はどこでもある。金融危機後も「すべては市場を任せよ」と叫んで止まない新自由主義者はいた。

２０１０年12月18日に、スイスのチューリッヒで発行されているNeue Zürcher Zeitung（ＮＺＺ）に、「指導的なマネタリスト」であるアラン・メルツァー教授（カーネギーメロン大学）へのインタビュー記事が掲載された。この「指導的なマネタリスト」の発言は驚くべきものだ。その主張は一言でいえば、「全ては市場にまかせればいい」ということである。危機に陥った政府や銀行は救済の手を差し伸べることなく市場の判断に委ねればいいとするのは、絵にかいたような新自由主義の主張である。すべてを市場に任せた結果の大混乱の後でなおこういう発言をするということが、どうやら「指導的なマネタリスト」である所以のようだ。ひょっとしたらＮＺＺはマネタリストを嘲笑する材料を提供することを目的にこの記事を載せたのではないか。そう勘ぐってしまう。

2　金融の重要性と特殊性

金融市場を「資本主義システムの中央本部」と呼んだのはシュムペーターであることは既に触れた。シュムペーターはオーストリアに生まれ、のちにアメリカに渡ったが、オーストリアの首都、ウィーンで活動していた時代のシュムペーターの短い評伝で次のように書かれている（メルツ［1998］137頁）。

シュムペーターは信用創造の技術を非常に意義深いものとし、その導入がまさに近代資本主義の生誕期であると見なした。

そして、シュムペーター自身は次のように言っている。

経済におけるあらゆる将来計画と将来展望は〔貨幣市場や〕一国民のあらゆる生活状態、あらゆる政治的、経済的、自然的状態に影響を与える。（中略）金融市場は常にいわば資本主義システムの中央本部であり、ここから各部門に命令が発せられるのであって、ここで論議されここで決定されることは、常にその本質において未来の発展計画を確定することである。

（シュムペーター［1977］358—361頁）

シュムペーターは、産業革命でも土地の私有権の確立でもなく、封建的束縛も財産も持たないという意味での二重に自由な労働者でもなく、信用システムこそが資本主義を生んだとした。なぜシュムペーターが信用システムのことをそれほど重要視したのであろうか。資本主義経済は本質的に動態的な経済であり、企業者精神を持った人間が絶えざる革新をはからなければ発展はありえないが、それを支えるのが信用システムだと考えたからであろう。注 この信用システムの中枢にいるのが銀行である。

注 「（シュムペーターによれば）資本主義を資本主義たらしめるものは、利潤追求でも市場機構でも私有財産でもなく、信用機構である」（古典を読む 塩野谷祐一「シュンペーター『経済発展の理論』」日本経済新聞1999年08月07日）

塩野谷はこの文章に続けて、「（シュムペーターによれば）金融システムが硬直的に管理されたり、国有化されている状態は、資本主義にとって致命的な阻害要因である」と書いている。

一方、次のような解釈もある。

競争の激化によって、相対的に空きがあり収益性の高い商品市場の間隙を利用することがより難しくなっても、おもな資本主義組織には最後の逃げ場所が一つあり、そこへ退却して競争的圧力を他へ転嫁する。この最後の逃げ場所こそ、シュンペーターが「資本主義システムの中枢部」と呼んだ貨幣市場である。（アリギ［２０１１］２０３頁）

しかし、資本主義システムの中央本部が銀行であるということだけでは、銀行は税金によって救われる必要があるということの根拠にはならない。もう少しその理由を考えてみたほうがよさそうだ。

（1）資本主義と信用機構

資本主義と金融システム

資本主義にとっては、金融システムの安定は極めて重要なものであるということをアイルランドの事件は教えている。どうしてそうなるのか。教科書風の堅苦しい言い方をすれば次のようになる。

資本主義は、労働力や土地といった、本来は「商品」として再生産されるものではないものまでをも商品化する。そして土地や労働力が商品化するということは、結局は資本そのものをも商品化するものとなる。資本の商品化は現実には資金の商品化と株式の商品化の二つの経路をとることになる。この二つの経路を制度的に構成するのが金融システムである。

こういう堅苦しい言い方をするから金融論も財政論も興味をそそられないのであろう。簡単に、「資本主義とは金の世の中である」といえばいいだけのことである。そして「資本主義とは金の世の中である」ということになれば、金の流れを制度化するものとしての金融システムが資本主義の中枢になるのは、当たり前の話である。

金融など本当はその程度の当たり前の話であったはずなのだが、「金融商品」という新しい商品（なかにはバクチまがいのものまである）が次々と生まれることによって、恐ろしく複雑な世界になってしまった。だから「金融機関は資本主義の中枢システムだから倒産させるわけにはいかない」という言い訳を点検するためには、その前に金融の仕組みと現状をある程度知っておく必要がある。

余剰資金の社会化（金融仲介）

簡単なことから始めよう。金融取引の定義である。金融取引とは現在のお金と「将来時点でお金を提供するという約束」を交換することである。金融取引は、負債契約と持分契約の二つに分類できる。いきなり小難しい用語が出てきたが、負債契約の典型は銀行預金、持分契約の典型は株式と考えればいい（池尾［２０１０］１４頁以下）。

負債契約は、貸した（あるいは預けた）お金はきちんと返してもらうという約束の下で取引するものである。これに対して、持分契約はそういう約束のない取引だということになる。いずれの取引でも、お金の持ち手は変わる。お金そのものに着目すれば、資金が移転するということになる。資金が融通されるといってもいい。そしてこれが金融という言葉の語源である。

重要なのは、契約により資金の移転に伴ってリスクが移転する場合としない場合があることである。通常は、銀行預金のような負債契約の場合は、少なくとも契約上は、資金の提供者（銀行預金の場合は預金者）はリスクを負わないが、株式投資のような持分契約の場合は資金の提供者（株主）はリスクを負うことになる。リスクを負うか、負わないかに関してはわかりやすい事例がある。1997年に北海道拓殖銀行（拓銀）が経営破綻した。同銀行に預金していた場合は営業譲渡という形で預金を全額保護され、リスクを負うことはなかったが、拓銀の株券は無価値となり、株主は出資額相応のリスクを負うことになった。[注1、注2]

注1　負債契約の場合はリスクが移転しないというのはあくまでも契約上の話である。借り手が債務を返済できないような状況が生まれると、貸し手はリスクを負わざるを得ない。現に拓銀が破綻したのは、拓銀が貸し付けた膨大な資金が不良債権化したためだったが、そのほとんどは負債契約であった。

注2　拓銀の場合は、庶民にとっては預金が保護されたから特に問題はなかったとは言い切れない。北海道に住む知人から次のような話を聞いたことがある。かつて北海道では娘が結婚する際に、その両親が生活資金の備えとして拓銀の株を持たせるという習慣があった。拓銀は盤石の経営をしており、拓銀の株券は現金と同じ程の安定性を持つと同時に、現金にはない配当が定期的に得られる利点があると考えられたからであろう。しかし拓銀の破綻によりその株券が紙切れと化した。拓銀の破綻そのものよりも、その結果として生じた株券の無価値化が北海道民にもたらしたショックがよほど重大であった。友人はそう語っていた。拓銀の株券を娘の嫁入り仕度の一部に出来るというのは全ての庶民にとって可能だったわけではなかろうが、そ

うした形で拓銀の株を贈与し、受け取った多くの北海道民は無くなるはずがなかった資産が消滅するという事態に直面したのである。かくして持分契約にはリスクが免れないということを認識させられたのだというこことになるのであろうが、聞いていて楽しい話ではない。

銀行の主たる業務は負債契約たる預金の受け入れとその貸し出しである。銀行は自分で何らかの実体的商品を作るわけでも、人に代わって専門的サービスを提供するわけでもない。今すぐには使う予定がないという意味での「余剰資金」を、幾ばくかの金利を払うことを条件に集めて、その資金を必要とする企業（個人の場合もある）に一定の金利を課することを条件に貸し出し、金利差（利鞘）を自分の利益とする。利鞘稼ぎという意味では、一種のブローカーのようなものといえる。ブローカーという言葉の響きが悪ければ金融仲介業と言ってもいい。

銀行が行う金融仲介業には、預金の受け入れと貸し出しのほかに手形の割引や為替などがある。いずれも余剰資金を利用するものである。商品等の取引に伴い支払いが必要になるが現金が直ちに用意できない場合、企業家（Aとしよう）は一定期間後に現金を支払うという約束（例えば3カ月後に100万円支払うという約束）を記した手形を現金の代わりに渡すことがある。これを受け取った別の企業家（Bとしよう）がすぐに現金を必要とするとき、これを銀行に持ち込み、これを銀行はBに対して一定額を割り引いて（例えば98万円）支払い、3ヶ月後にAに100万円を請求する。これが手形割引である。この場合、銀行はいわば時間的な隙間を埋める役割を担うことになる。

手形割引が時間的隙間を埋めるものであるのに対して、為替は空間的隙間を埋めるものといえる。企業家Aが東京にいて、大阪の企業家Bに100万円を支払う必要があるとき、現金を大阪まで送るのは経費もかかるし危険も大きい。そこでAは銀行の東京店に現金を持ち込んで為替を組み（為替証書を作成し）、これを大阪に送る。為替を受け取ったBは銀行の大阪店に為替を持っていく。銀行の大阪店は余剰資金を利用してBに現金を支払う。

東京と大阪が、東京とロンドン、あるいはパリとニューヨークになった場合は、為替には異種の通貨の交換（外国為替）という要素が加わるが、また同一銀行の支店間での処理ではなく、清算取引の約上を結んでいる銀行（コルレス銀行）同士で為替を現金化することも多いが、為替の原理に違いはない。内国為替であろうが、外国為替であろうが、銀行には為替を現金化するだけの資金的余裕が必要になる。注

注　外国為替に関しては、1971年の金本位制の廃止という国際通貨制度の大転換以降は、輸出入代金の決済、債務の返済、旅行者の渡航・滞在費用等という実際の需要に伴うものよりは、これとは無関係の、専ら投機（売買時の価格変化を利用した利鞘稼ぎ）を目的とした取引がはるかに大きな規模で展開されている。為替取引の全体額は実需の100倍に達していて、取引の99％は実需とは無関係の投機的なものだという指摘もある（例えば、ドーア［2011］15頁）。そして通貨当局にはこれをコントロールする力はない。こうなると、外国為替はもはや単なる金融仲介業務だとはいえなくなる。そしてまたこうした業務の質的変化が銀行業それ自体の変質をもたらす原因にもなったと言えるが、これは別の話である。

金融仲介業務が銀行の伝統的業務であり、基本的機能でもある。銀行は、この伝統的業務において、「情報の非対称性と選好のギャップをベースに」次の二つの機能を担うとされる（池尾［2010］189―96頁）。

A　情報生産機能（これは情報通信の革命的変化で大きな影響を受けた）

B　資産交換機能（大数の法則によるリスク分散＋元本保証としてのリスク引き受け）

「情報の非対称性と選好のギャップ」と言われると、ものものしいし、用語もしかめっ面しいが、内容はどうということはない。Bは、負債契約で預金を集め、その貸し出しに当たっては、資金をあちこちに分散し、貸し倒れのリスクを減らすようにするというだけのことである（「大数の法則」については用語集を参照されたい）。Aは、情報量に関してはバラバラの個人よりも銀行の方が圧倒的に多いことから、銀行は大量の情報を寄せ集めて、分析等を加えて新たな情報として作り出すということである。

金融仲介業者たる銀行は、一方で多くの者から余剰資金を集め、他方でまた多くの者へ資金を貸し付ける。これを「余剰資金の社会化」ということもある。最近の金融の教科書では「余剰資金の社会化」ということはほとんど触れられていない。銀行は他人の褌《フンドシ》で相撲を取ることを強調したくないのであろうか。そしてこの過程で生じる「信用創造」についても記述は随分と少なくなっている気がする。信用創造は余剰資金の社会化と切っても切り離せない関係にあると言っていい。たとえば銀行がAという集団から余剰資金を100億円集めたとする。銀行はこのうち

90億円をBという集団に貸し出す。Bという集団はその90億円をそのまま銀行に預け、銀行口座を用いて（つまり現金を用いずに）決裁を行う。Aという集団も同様に銀行口座を用いて決裁できる。たった1回の金融媒介で、決済資金として使用可能なお金は100億円から190億円に増えている。銀行の金融媒介作用によってこの信用創造はどんどん膨らんでいく。余剰資金の社会化と信用創造は資本家的生産様式の基幹であるといっていい。これを担うのが銀行である。

銀行によって社会化された資金が順調に流通・還流する限りにおいて、企業はその資金を利用して、事業を拡大することができる。しかし、景気が下降局面に入り、企業の資金繰りが悪化すると、資金の回収に問題が生じる。余剰資金の社会化あるいは信用創造には、それが負債契約であろうと、本来リスクが伴うのである。しかしそのリスクを銀行が負わない限り、資金が流通しないのも事実である。

ともかく「余剰資金の社会化」と「信用創造」ということに銀行が「資本主義システムの中央本部」となる理由といっていいであろう。この「資本主義システムの中央本部」が本来リスクを負うものだということは、結局は資本主義そのものが確固たる安定性を持ったものでないということを意味する。

（2）金融の不安定性と規制

不安定性をもたらすものとしての景気循環

1987年から2006年まで、アメリカの中央銀行にあたるFRBの議長を務めたグリーンスパンは、2008年の金融危機の際に、「（今回の）金融危機は100年に一度の津波のようなものだ」としたが、金融危機は程度の差こそあれ、資本主義につきものだというべきである。金融の不安定を執拗に追求した異端派（少なくとも非主流派）の経済学者であるミンスキーはその不安定性を次のように説明した。

（資本主義経済に）根本的な欠陥が存在する理由は、資本家の活力と野心にとって必要な金融システム――企業家のアニマル・スピリットを投資に対する有効需要に変換するシステム――が、投資ブームによって誘発され、野放図な拡張にむかう可能性をはらんでいるためである。（ミンスキー［1999］17頁）

ミンスキーは金融の不安定性を強調すると同時に、これをケインズの功績とするが、[注1]その意見には賛同しがたい。景気循環自体はマルクスによっても認識されていたし、マルクスが批判したヘーゲルさえ資本主義の不安定性を語っていたのである。[注2]勿論ヘーゲルはそのことを経済学的に解明したわけではないし、マルクスの景気循環論も完成したわけではない。ただ、資本主義は安定して単調に発展を続けるものではないということは、多くの研究者によって観察されていたし、資本主義の歴史がそれを端的に示している。

注1　「古典派経済学と新古典派経済学が物々交換のパラダイム――自営農民や工業者が、村の市場で物々交換するというイメージ――に立脚しているのに対し、ケインズ理論は投機的金融取引のパラダイム――銀行家がウォール街で取引をおこなっているというイメージ――に依拠している」。（ミンスキー［1999］86―7頁）

注2　「ヘーゲルの見方では、ブルジョワ社会は、一方の極での過剰蓄積と他方の極での貧窮化という傾向から生じる社会的不平等と不安定の問題を、内的メカニズムで解決することができないようである。したがって、「成熟した」市民社会は、外国貿易や植民地主義的、帝国主義的実践を通じた外的解決を図ろうとする」。（アリギ［2011］310頁：注記ではヘーゲル『法哲学講義』の英訳142頁参照とある）

ミンスキーは「金融的混乱を伴う経済の停滞と深刻な不況を生じる傾向」を「資本主義経済の特性」とした（ミンスキー［1999］18頁）。停滞と不況だけを挙げるのは一面的に過ぎる。不況があれば、好況も発展もある。それが景気循環である。景気循環は資本主義に不可欠なものである。その意味では資本主義経済の「根本的欠陥」は金融システムにあるのではなく、資本主義そのものにある。

ただ、景気循環は資本主義の根本的欠陥だというのは、欠陥は矯正できるものではないかという誤解を与えかねない。資本主義にとって景気循環は根本的欠陥というよりは、人間が死から免れないと同じ意味で、本来ついて回るもの、不可欠のものといったほうがいい。リスクを負うべき銀行が「資本主義システムの中央本部」になるから資本主義が不安定になるのではなく、景気循環が資本主義の基本的特性であり、銀行も景気循環の影響を回避できずに、しかも大きなリスクを負うことからその不安定性を拡大するというべきであろう。[注1]それにもかかわらず銀行は「資本主義システムの中央本部」[注2]であり続けなければならない。それもまた資本主義の治癒不可能な持病といえるかもしれない。

注1　ただし、近年の金融危機が世界規模での景気循環を理由とするものかどうかについては問題が残る。このことは別に見る必要があるが、本書では立ち入ることが出来ない。

注2　金融業は次のように本来不均衡を利用するものだとすれば、これを「資本主義システムの中央本部」としなければならない資本主義の病の重さはいっそう明白になる。

そもそも、企業活動から「儲け」が生まれるということは、市場が「均衡」していないからではないだろうか。とくに金融の一部は「ゼロサム」ゲームであり、金融イノベーションの多くは、不均衡から生まれる「儲けの機会」につけ込むための効率的なシステムを構築していったにすぎないように思われる。市場はその機会を平準化して均衡を取り戻すよりは、むしろ不均衡を増幅していったといえるであろう。この意味で、均衡と効率性と安定を一体のものと考える主流派経済学は、根底から見直しを迫られているように思われる。

盛山和夫「危機の経済学」『UP』２０１１年4月号

金融システム固有の問題と規制

このことにさらに、金融システム固有の問題が加わる。これは金融に関する「市場の失敗」と呼ばれる場合もある。池尾（［2010］70頁）は次の二つを「市場の失敗」として挙げている。

① 銀行業が機能不全に陥ったときの他の産業や国民生活に与える悪影響の著しい大きさ

② 情報の非対称性 → 信頼の欠如が生じたときの危機の規模の大きさ

これを「市場の失敗」と呼ぶことには、市場は本来は完全無欠であるが、金融に関しては若干の問題を残すという言い訳じみた違和感が残る。余剰資金の社会化という金融の本来の任務がこういう問題をもたらすのであって、「失敗」ではなく、特性というべきであろう。ともかく金融業がこうした特性を持つことから、金融システムには他の産業には見られない規制と監督が行われることになる。その規制は大きく分けると次の三つであった（本多［2000］46頁）。

金利規制

業態分野規制（直接金融と間接金融の兼業の禁止）

国際取引規制

過去形で書いたのは今もそうだというわけではなく、かつてはそうだったという意味である（それが変化した理由については、6（3）を参照のこと）。こうした厳しい規制の下では、金融業（とりわけ銀行）はどうしても横並びにならざるをえない。また規制の一方で、「護送船団」方式と呼ばれる手厚い保護も受けられる。護送船団方式とは経営体力・競争力が最も劣る銀行も事業を存続できるように、金融システムを運営する方式である。これによって、どんな銀行は基本的には潰れないことになる。勿論、実際にはつぶれる銀行は少数ながら存在する。1990年代以降に限定しても、拓銀をはじめ、幾つかの金融機関が倒産した。しかし、少なくとも一般企業に比べて銀行が倒産する割合は極端に少なくなる。そして本来は倒産してしかるべき銀行までもが保護されることと、競争がないことから、銀行の体力は脆弱なままになるという問題が残る。規制の名の下で手厚い保護がなされてきた結果である。それもまた金融が「資本主義の中央システム」であることによる。

(3) 中央銀行

中央銀行の金融政策

銀行業は余剰資金の社会化という本来の機能から、資金の集中を媒介として、組織体自体も集中化傾向を持つ。それは資本主義諸国の歴史が示していることでもある。集中化のもたらす多くの弊害から銀行業の規制が行われていて、貸し出し対象や、預金の種類等の異なる種々のタイプの銀行(日本に関していうならば、銀行、信託銀行、信用金庫、協同組合、それにかつては長期信用銀行や郵便局)が併存している。この併存の形態は、それぞれの国の歴史や特殊性を反映したものとなっている。

ただ、共通していることがある。ほとんどの国は単一の中央銀行を持っていることである。日本にあっては、日本銀行がそれであり、アメリカではＦＲＢがその機能を果たしている。今では当たり前のように通貨として流通している銀行券は、本来は単に金あるいは銀といった貨幣用貴金属との兌換券（交換証書）に過ぎなかった。そうである以上、複数の銀行券が流通することは不思議でもなんでもない。しかし、兌換の容易性や信用力等の問題から、銀行券の発行主体は単一の銀行に絞られていく。それが中央銀行である。したがって中央銀行の最初の任務は通貨としての銀行券を発行するすることである。

しかし中央銀行の任務はこれだけに留まらない。中央銀行は、「銀行の銀行」といわれることもあれば、「政府の銀行」といわれることもある。歴史的経緯からすれば、中央銀行は「政府の銀行」――それも政府が必要とする資金を調達するための銀行――からスタートしたといったほうがいいかもしれないが、今は、「政府の銀行」であると同時に、それ以上に「銀行の銀行」でもある。

日銀本店ではなく、日銀函館支店のホームページの説明がわかりやすい。そこには次のように書いてある。（日銀函館支店のアドレスは http://www3.boj.or.jp/hakodate/）

《「銀行の銀行」としての役割》
日本銀行は金融機関との当座預金取引を通じて、各金融機関名義の当座預金口座の受払事務を行っています。
／…中略…金融機関の間で行われている様々なお金の取引の多くは、最終的には各金融機関が日本銀行に預けている当座預金の入金・引落しにより決済されます。…以下略
《「政府の銀行」としての役割》
日本銀行には国の預金（政府預金）口座があり、この口座に皆さんが納めた税金・社会保険料などを受入れ、公共事業費・年金などはこの口座から支払われています。
業務課では、このように国のお金（国庫金）の受払や計理を行っています。また、…中略…国債の元金や利子の支払も行っています（ただし国債の売買は行っていません）。

《「政府の銀行」としての役割》の最後にあるカッコ書きの「ただし国債の売買は行っていません」は意味がありそうだが、このことについては後で見ることにしたい。また、「政府の銀行」としての日銀の機能には、このほかに政府の指示を受けて行う「外国為替平衡操作のための為替介入」があるが、これは本店固有の機能であるせいか、函館支店のホームページでは省略されている。
ここに書いてあることは、ほとんど機械的な業務内容に過ぎないが、中央銀行は「銀行の銀行」

となることによって、金融システム全体を操作することが可能になる。上述したように、金融システムが本来的に不安定を回避できないものである以上、「銀行の銀行」としての中央銀行の役割の一つはその不安定性の軽減ということにあるといえる。

中央銀行はそれを金融政策を介して行うことになる。金融政策とは「中央銀行による信用調節活動」である（池尾［２０１０］６４頁）。具体的には次の三つの手段で信用調節活動が展開される。（同上、１２２―９頁）

①　貸出量と公定歩合の操作

②　債券・為替の売買操作（マーケット・オペレーション）

③　準備率操作

①のうち、貸出量は日銀から金融機関への通貨の貸出量のことであり、②の操作もそれによって金融機関の保有する通貨の量を変化させることになる（日銀が債券・為替を金融機関から買えば、その代金だけ金融機関の保有する通貨の量は増えるし、日銀が債券・為替を金融機関に売る場合は、その代金だけ金融機関の保有する通貨の量は減る）。③の準備率とは、金融機関が保有する預金の一定額以上を日銀に当座預金として預けることとされていて、その額を決める率のことである（「中央銀行当座預金」については用語集を参照のこと）。銀行からの貸出は通常、借り手の銀行預金口座の増加となるから、準備率が下がれば、貸出可能な額が増えることになる。

このようにみれば、金融政策は金利の操作（公定歩合の操作：「公定歩合」については用語集を参照のこと）と貸出量の操作に二分される（本多［２０００］１２２頁）。どちらが優先されるか、あるいはこの二つの操作は相互に独立したものかといったことを巡っては、専門家の中で意見の違いが見られる。[注1] しかし銀行から多額の金を借りるということにはほとんど縁のない庶民としては、この二つの操作によって金融政策の効果なり影響なりにどういう違いがあるのかということにこそ興味を惹かれるのであるが、この違いはあまり明確ではない。[注2]

注１　白川（［２００８］２５８頁）によれば、「中央銀行の当局者のほとんどは、短期金利を金融分析の出発点とするが、学部レベルの多くの教科書はマネーサプライ（マネタリーベース）を出発点としている」。これは、金融分析に関する理論と実践の乖離を意味すると同時に、金融政策の操作対象（金利調節か貨幣供給量調節か）を巡る理論と現実の違いを示唆するともいえそうだ。なお、著者の白川はかつて日銀の幹部（理事）であった。そして、大学の教員を経て、その後、日銀の総裁になった。その意味では、白川の意見は日銀の考えを色濃く反映したものになっているといえる。

一貫して大学の教員であった池尾は、「貸出量と公定歩合の操作」を、「商品としてのハイパワードマネーの、供給量か価格（金利）のいずれを調節するかという問題に他ならない」とした上で、これは選択の問題ではなく、供給量は価格の内生変数だとする。つまり、金利調節と貨幣供給量調節を巡る流れを次のように説明し、「マネーストックは金利コントロールの結果として生まれる内生変数である」とする（池尾［２０１０］９８―１００頁）。

中央銀行による短期金融市場金利の誘導　↓　民間（市中）銀行による将来金利動向に関する予想形成　↓　貸出動向の決定　↓　貨幣供給量（マネーストック）の決定

注２　金利政策も実際には貸出量の操作によってなされることがある。これについては用語集（「金利政策」）

を参照のこと。

金融政策の目的

中央銀行の行う金融政策の目的は、金融システムの本来的不安定性から、なによりもその不安定性の軽減にあるべきだとしたが、これは最近少し変わってきている。白川は、金融政策にかかわる中央銀行の役割は

①　金融システムが経済活動の不安定要因となることを防ぐ

②　物価の安定を実現する

ということにあったが、それはいわば過去のことで、近年は、物価の安定だけが金融政策の主要目標になったとする（白川［2008］20─21頁、29頁）。一体なぜこういう変化が起きたかについては白川の説明は曖昧である。日銀にいたことのある人間としては言いづらかったのであろうか。日銀とは関係のなさそうな本多はこの変化の理由を次のように語る。

1998年の日銀法改正以前は、

一般物価の安定

有効需要水準の維持

国際収支の均衡

が並列的に金融政策の目的とされていたのに対して、改正以降は、「一般物価の安定」だけがそ

の目的となった。この改正には、「金融政策では失業率や経済成長を左右できないという認識があったのではないか」とされる（本多［２０００］１１８—９頁）。

１９２０年代に天文学的インフレに見舞われた経験を持つドイツにおいては、以前から物価の安定が中央銀行の唯一の課題とされてきたが、他の多くの中央銀行は、近年まで金融システムの安定も主要な課題としてきた。中央銀行は通貨の唯一の発行主体であることから、金融システムの中枢に位置することになる。そうである以上、その金融システムが本来持っている不安定性を緩和ないし回避しようとすることは、むしろ当然のことであろう。この当たり前の話がそうではなくなったのである。

このことは二通りに解釈できる。一つは物価の安定さえ図れればそれによって金融システムも安定するという理解である。上記の物価の安定と金融システムの安定は独立したものではなく、後者が実現すれば前者も達成できるということである。しかし、前世紀末以来繰り返されている金融システムの動揺は物価が比較的安定しているなかで生じている。そのことを考えれば、この理解には賛同しがたい。

もう一つの解釈は、本多が言うように、金融システムの安定は中央銀行の手では実現できないとして放棄してしまったのではないかということだ。中央銀行が金融システムの混乱の回避を主要な任務としている中で、金融システムは繰り返し混乱した。そのことを冷静に考えれば、金融システムの混乱の回避は中央銀行の手には負えないと考えられたとしても不思議ではない。それができない中央銀行が「自分の任務は物価の安定だけだ」と開き直ったと解釈する方が素直である。

中央銀行は目的を物価の安定に限定して金融政策を展開することになった。物価を安定させることは次のような理由から重要な意味を持っている（白川［2007］39頁）。

効率性

資源配分機能の向上

将来の不確実性の低下

物価変動に伴う税制、会計の歪みの縮小

公平性

資源・所得の意図せざる再配分の回避

たしかに、物価の安定を図るだけでも中央銀行にとっては大きな負担であるが、物価の安定は中央銀行の行う金融政策だけで実現できるものでもない。白川自身、中央銀行の金融政策の影響を次のように限定的に評価している（同上、59頁）。

金利の変更→需給ギャップの調節→物価上昇率に影響

金融政策の影響力の出現には1～2年程度のタイム・ラグがある

厳格な物価安定の実現には経済変動が伴う可能性がある

現実の物価変動には予想物価上昇率が最も大きな要因となる

予想物価上昇率がはたして「物価変動の最大の要因」であるかどうかはひとまずおくとしても、それが中央銀行の金融政策によって操作できる可能性は低い。また物価の変動には上昇（インフレ）と下落（デフレ）の二つの局面があるが、下落に対しても金融政策が上昇の場合と同じような効果をもつかどうかは疑問である（すでに長い間デフレが続いているが、日銀はそれを反転させることに苦しんでいる）。こうした限界を持ちつつ、中央銀行は物価の安定のための金融政策を展開することになる。

日本においては、1970年代のオイル・ショックによる激しいインフレの後、物価は比較的安定して推移してきた。ただそのことは中央銀行の金融政策の効果だということを意味するものではない。直前に触れたように、物価変動に与える金融政策の効果は限定的であるし、そもそも物価変動と金利あるいは通貨の流通量との因果関係さえ未だに明確なものになっているとは言い難い。[注]

日銀の金融政策のおかげで物価が安定しているのか、あるいはその金融政策にも関わらず物価は落ち着いているのか、ハッキリとしない。ハッキリしているのは、物価の安定を目的とした金融政策は、「金融システムの不安定の回避」とはほとんど関係がないということだけである。後者を中央銀行の課題から排除している以上、それは当然のことかもしれない。

注　19世紀前半にイギリスで「通貨論争」と呼ばれる論争が起きた。通貨の発行量と物価変動の関係を巡る論争である。論争は通貨主義者と銀行主義者との間で展開された。当時のイギリスは銀行券と金との兌換を保証する金本位制をとっていた。通貨主義者は、通貨の過剰発行が物価の高騰をもたらすと考え、金準備と通貨の発行量を比例させることによって、通貨の発行量を厳密に管理することを主張した。一方、銀行主義者は、通貨は市場での取引の量に対応して発行される限り、過剰発行ということは起こりえないのであって、通貨の発行量は物価の変動には直接作用しないと論じた。イギリスの中央銀行であるイングランド銀行は建前としては通貨主義によりながら、現実には銀行主義を完全に排除することはなかった。その意味では論争の決着がついたとは言い難い。

それどころか、第二次大戦後のケインズ主義者と最も強固な反ケインズ主義者であるマネタリストとの論争もこの通貨論争の再現に過ぎないという説さえある（ピリング［1991］36頁を参照）。

物価の安定と中央銀行の金融政策との因果関係にはハッキリしたことはいえない。しかし中央銀行の当事者は物価の安定を大義名分として種々の要求を行ってきた。その最大のものが中央銀行の独立性である。[注1] 金融政策の目標を物価の安定としたとき、なぜ中央銀行の独立性が問題となるのか。政治家は選挙のことを考え、時間的視野が短期化しがちであり、また同時に景気刺激＝失業率低下政策に走りがちであるが、金融政策は長期的な視点に立って責任を持って実施する必要がある。[注2] これが、政治的圧力に対する中央銀行の独立性が要求される理由である。日本においては法律上の独立性は1998年4月の日銀法改正により実現したことになっているが、現実の政治的独立性はなお低いといわれる。

注1　「日銀の独立性を高めたのも、物価の最終責任を明確にすることが目的だった」（本多［2000］

120頁）。

注2　白川は、これに金融政策は専門的知識に基づいて決定される必要性があることを付け加える（白川［2008］97頁）。実際、これまで戦後の歴代日銀総裁はすべて銀行家か大蔵官僚の経験者である。ただ2002年頃、経団連の元会長・今井敬氏が次期日銀総裁になるというまことしやかな噂が流れたことがある。今井氏は新日本製鉄の経営者（社長、会長）であったが、金融政策の専門家とは言い難い。「今井・日銀総裁」は結局実現しなかったが、仮にそうなっていたとすれば、白川は日銀の政治的独立性の理由としての「専門的知識の必要性」をどう説明していたのであろうか。

なお、このような理由で中央銀行の独立性が必要になるであれば、政権担当者が選挙で決定されるのでなければ、中央銀行の独立性の議論は無意味だということになる。実際、政権選択のための選挙が存在しない中国では中央銀行（中国人民銀行）は政府の一部門になっていて、その独立性が議論されることはない。

もっとも庶民にとっては中央銀行の独立性それ自体はあまり意味のある話ではない。中央銀行の当事者は自らの権力を自由に行使したいということからも、そして「政治家よりも俺の方が金融のプロだ」という自負心からも、独立性をひどく重要視するが、独立性を強化することによって、どういう効果があるが問われなければならない。

1998年の日銀法改正によって物価が安定を巡ってどういう変化が生じたのであろうか。ハッキリとした変化があったようには思えない。変化はむしろ、金融政策の目的が「物価の安定」

だけに限定され、「金融システムの安定」が隅に追いやられたことのほうに強く感じられてならない。

最後の貸し手

昔は中央銀行の機能として強調されていたが、最近影の薄くなったものとして、「最後の貸し手」機能というものがある。銀行をはじめとする金融機関が一時的な流動性不足（資金不足）に陥った際に、中央銀行が流動性の危機の回避のための融資を行う。この場合、中央銀行は「最後の貸し手」となるとされる。中央銀行の重要な機能の一つである（いや、あったというべきか）。

金融システムが資本主義の中枢本部であることから、金融機関も特殊な地位を占めることになる。金融システムは本質的に不安定であるが、資本主義の中枢本部であるがゆえに、その混乱は何としても避けなければならない。そのために金融機関は特別の保護の下におかれる。その結果、金融機関は容易に倒産しないことになる（このことについては、2（2）で既に述べた）。中央銀行の最後の貸し手機能は金融機関を倒産させない手段の一つであった。

倒産しないとどうなるか。ルービニは、「倒産のない資本主義は地獄のないキリスト教のようなものだ」という経営者の語った皮肉を紹介している。「地獄のないキリスト教」とはまったく緊張感がない世界のことをいうのであろう。そこには必ず腐敗が発生する。みんなが無責任になる。その古い例は1920年代のオーストリアにある。「銀行は倒産させない」という方針のもとで、杜撰な経営の隠ぺいが重ねられ、最後はオーストリア最大の商業銀行（クレジット・アンシュタルト）の破綻を引き起こし、これが世界的金本位制の崩壊につながった。そういう歴史がありながら、金融機関は容易に倒産しない。

法律の上では最後の貸し手機能がなくなったわけではない。日本銀行のホームページには、以下のような問答が掲載されている。

（http://www.boj.or.jp/announcements/education/oshiete/pfsys/04103001.htm/）

日銀特融とは何ですか？

日本銀行は、政府（内閣総理大臣及び財務大臣）から、信用秩序維持のため特に必要があるとの判断に基づき要請を受けた場合、自らの判断で「特別の条件による資金の貸付けその他の信用秩序の維持のために必要と認められる業務」を行うことができます（日本銀行法第３８条）。いわゆる日銀特融とは、こうした特別の条件による資金の貸付けのことを指し、過去に実施した例としては、（１）金融機関の破綻処理や危機を未然に防ぐための公的資本注入に際して、必要な期間、営業の継続に要する資金を供給するためのつなぎ融資のほか、（２）劣後ローンの供与などがあります（このほか、特融以外の日本銀行法第３８条業務としては、拠出〈新金融安定化基金向け〉などがあります）。

日銀特融は、広い意味でのセーフティ・ネット（金融危機回避のための手段）のひとつと位置付けられます。預金保険制度等他のセーフティ・ネットの整備が進んだ現状においては、日銀特融は、劣後ローンなどの資本性の資金の供与ではなく、一時的な資金の供給を基本としています。

信用秩序維持、金融危機回避といった言葉が並んでいることからもわかるように、金融システムの安定ということが中央銀行の大きな任務の一つであった。日銀特融も、現実には特定の金融機関の救済自体が目的となることもあったが、本来は金融システムの安定的維持のためのものであった。しかし、日銀は「預金保険制度等他のセーフティ・ネットの整備が進んだ」という認識から、この任務を回避しようとしてように見える。先に見たように、日銀の幹部であった白川自身が、中央銀行の金融政策の目的を「物価の安定」に限定してしまっているのもその現れといえる（「劣後ローン」については用語集を参照のこと）。

それでは金融システムの混乱の回避は誰がやるのか、あるいは誰が責任を持つのか、という疑問が生じる。現実には、日銀の言うセーフティー・ネットの整備によって金融危機回避の環境が整えられたとは言い難い。むしろ、中央銀行が「最後の貸し手」となることによっても金融危機は回避困難になっていったというべきである。中央銀行の手によっても、金融システムの安定は実現困難であることがハッキリしてきた。もはや金融システムの安定は中央銀行が主軸となってやるべきことではなくなっている。――中央銀行はそう考えているのであろうか。

3 金融システムを巡る変化

金融システムが資本主義経済の中枢本部であると同時に不安定性を抱えているものであることを見てきた。それ故に金融システムは規制と監視、その裏返しとしての保護の対象となってきたといえる。しかし、「余剰資金の社会化」を担っていたはずの金融システムに質的変化が生じている。その変化に規制と監視が対応できなかったこと（実際にはその変化を放置していたと言ったほうが正確であろう）が金融危機を惹き起し、それを重大化した。その責任は本当は当の金融機関と中央銀行、そして政府の金融当局にあるはずだが、誰も責任を取ろうとしない。一体どうしてそういうことになったのか、それを見ることにしよう。

(1) 金融取引の変化

金融の多様化と質的変化

日銀の金融政策の目標が変化したことは既に見た通りだが、この変化は金融取引の変化にも影響されているといえる。金融取引は負債契約と持分契約の二つに分類できることを先に見た。従来、銀行預金やその貸し出しに代表される負債契約は相対取引でなされてきた。この場合は資金の出し手と使い手の間に銀行が契約の当事者として介在することから、間接金融ということになる。一方、株式に代表される持分契約は市場で取引されてきた。市場での取引においては証券会社等は単なる仲介者であり、契約の当事者は株式保有者（投資家）と株式発行者（株式会社）であるから、直接金融といわれる。つまり、

直接金融（株式）→市場取引
間接金融（預金）→相対取引

という関係があった。しかし、近年は間接金融が市場取引を利用する形で行われるようになっている。池尾はこれを市場型間接金融と呼んでいる（池尾［2010］41頁）。投資家本人ではなく、金融機関が資金需要者に貸し出し（融資）を行なうという点では間接金融であるが、金融機関がその後、貸し出しによって生じた債権を証券化して、市場と通じて投資家に販売するとなると、これは市場取引になる。これによって負債契約によって生まれた債権は証券化されることによって持分契約になる。金融の多様化といってしまえばそれだけだが、このことから直接金融（負債契約）と間接金融（持分契約）の垣根が曖昧になるという大きな問題が生まれることになる。

もっと重要な変化は資金の移転とリスクの移転との分離である。契約上は資金の提供者がリスクを負わないことになっている持分契約でも、実際は資金の移転と共に、資金の借り手側が破綻

した場合には、資金の貸し手はリスクを負うことはすでに触れた。つまり資金の移転はリスクの移転を伴うものであった。リスクと資金は一体で移転するものであった。この一体性が近年解体し、リスクだけが独立して移転するという状態が生まれている。リスクの移転の独立とは、資金の移転とは無関係に、一定のプレミアムをつけてリスクを引き受けることである。その最たるものは信用リスクの引き受けである。原因はデリバティブ（金融派生商品）と呼ばれるものが成長したことにある。

デリバティブは本来は金融商品を予約取引するものであり、リスクを回避ないし軽減する手段であった。もともとの発端は外国為替相場が固定性から変動制に変わったことにあるとされる。相場の先行きが不透明になったことから、為替の売買取引を予約して、危険を回避する需要が強まった。例えば、今1ドル＝100円の相場であったとする。6ヶ月後に輸入代金の決済のために1万ドルの外貨が必要になる企業は、現在の相場ならば、100万円を用意すればいい。しかし、6ヶ月後は80円になっているかもしれないし、120円になっているかもしれない。そこで、6ヶ月後に1ドル＝100円以上になっていたら、1ドル＝100円で1万ドルを買う「権利」を、一定の代金で金融機関から「購入」する。6ヶ月後に1ドル＝120円になっていたら、この企業は市場では120万円必要になるところを100万で1万ドルを入手できる。「権利」の代金でもって為替の変動リスクを回避できたことになる。金融機関は逆に、市場で120万円で購入したものを100万円で企業に売らなければならないから、その分だけ損失が生じる。もし1ドル＝80円になっていたら、企業は金融機関から1万ドルを100円で買う「権利」を放棄し、市場で80万円を出して1万ドル買えばいい。この場合は、金融機関は「権利」の代金をまるまる利潤とすることができる。

これでわかるように、デリバティブはリスクを売買するだけで、資金が移転することはない。こうした需要があり、「権利」の代金の設定いかんでは金融機関は大きな利益を上げることができることがわかってきた。そうなれば、リスクの売買を外国為替取引にかかるものの限定する必要はない。リスクを伴うものなら何でも売買の対象となった。極端なものは、「天候」の売買である。「雨になれば補償金を払い、晴れならば手数料はそっくり頂く」という金融商品も（そんなものが「商品」といえるのかどうかは別であるが）、天候によって売り上げが大きく増減する企業には十分売れるのである。

リスクの引き受けだけを目的したものを「余剰資金の社会化」を本来の目的としたはずの金融機関が扱う理由があるとは思えない。たしかに銀行が為替の先物取引をしたのは、為替が銀行業の本来的業務の一つであったことが理由であろうが、先物取引が実需とは無関係に投機目的に質的に変化した時点で、それは銀行の本来業務とは無関係なものになった。しかし銀行を含めた金融機関は別に本来的業務に専念しなければならない理由はなく、社会的使命によって事業を展開しているわけでもない。儲かる商品ならば販売に躊躇はしない。金融には本来不安定性があることは既に述べたが、投機性の強い業務が拡大することによって、その不安定性は一層増すことになる。そしてこの結果、金融の質は大きく変わった。

金融の質的変化と金融政策・規制策

金融の本質が大きく変わった以上、政府の規制と監視、中央銀行の金融政策もまた変わらざるを得ない。銀行に対する事前対策的規制としては以下のようなものがある。

①　金利（手数料）の上限規制
②　参入規制
③　資産選択規制
④　自己資本規制

（①〜③：競争制限的規制）

1980年代までは競争制限的規制がメインであったが、その後この規制は緩和され、ウェートは③、④に移っていった。国債決済銀行（Bank for International Settlement）の国際的銀行業務にかかる規制（いわゆるBIS規制）も④にかかるものである（池尾［2010］222頁）。これは、銀行が自らのリスクの下で自由に利潤獲得を目指すことになったことに対応しての変化といえる。

変化は金融政策にも見られる。「非伝統的金融政策」と呼ばれるものがそれである。池尾［2010］145―6頁）は伝統的金融政策と非伝統的金融政策を次のように対比している。

伝統的金融政策………金利の調整（コントロール）
非伝統的金融政策……貨幣供給量（マネーストック）の量的緩和
　　　　　　　　　　　リスク資産の買い取り（信用緩和）

極端なインフレ目標の設定

本多〔2000〕122頁以下）のいうように、貨幣供給量（マネーストック）の調整は以前から金融政策の手段だった。その点から貨幣供給量の量的緩和が非伝統的金融政策といえるかどうかは疑問である。また、リスク資産の買い取りが「中央銀行による信用調節活動」としての金融政策にあたるかどうかについては疑問なしとしない。これは信用調節というよりは、危機に陥った金融機関の救済策である。しかしリスク資産の買取などいうことは銀行がリスクの移転を安易に引き受けるという新しい事態に対応したものであることは明らかである。

問題は、金融業に生じた質的変化に、こういう金融政策や規制策で十分対応できたかということである。検討が必要なことが二つある。一つは資金の移転とリスクの移転が切り離されたことから、これまで政府の規制と監督を受けてきた金融機関（銀行）以外の業者——つまり、規制と監督を免れる業者——もリスク引受商品を取り扱うことが可能になったことから生じる。こうした業者（「影の銀行」と呼ばれることもある）が取り扱うリスク引受商品の規模は、それが規制と監督を免れることもあって、極めて大きなものとなる。こうした業者が肥大化してゆき、「影の銀行システム」あるいは「裏の銀行システム」と呼ばれるものが形成されるまでになる。これは、従前の金融システムの枠外にあるために、政府には彼らを有効に規制・監督する手法がない。結果的に伝統的な規制策では対応困難となる。

もう一つは、先にも触れた不安定性の一層の拡大である。リスク引受商品は資金の移転を伴わないから、比較的安価な価格でリスクを引き受ける商品を大量に売り出すことができる。しかし、現実にリスクを引き受けざるを得なくなったとき、商品販売者（銀行および影の銀行）は莫大な損失を被るおそれがある。そして一気に信用不安が生じることになる。こうしたことを考えれば、中央銀行と政府による金融機関の規制・監督が強化される必要があった。しかし、実際には強化ではなく緩和に向かってしまった。[注] それを象徴するのがグラム・リーチ・ブライマリー法の成立である（この法律については用語集を参照のこと）。

注　リスク移転商品であるデリバティブが登場したとき、アメリカの金融先物取引委員会の委員長であった、ブルックスリー・ボーン（Brooksley Born）はその危険性を懸念し、アメリカ議会に対して何度も（17回も！）警告を発した。しかしその警告はことごとく無視され、「うるさい女」と煙たがれ、そして3年後には彼女は解任されてしまった。（Cordula Meyer, Der Dollar-Orkan, in Alexander Jung et al (eds.) *Geld macht Geschichte*, Goldmann, Müünchen, 2011, S. 251-2）

彼女の主張はデリバティブの透明性と規制を強化せよ、という実に真っ当なものであったが、市場を委縮させるものとして退けられた。このことは、以前の（伝統的な）規制と監視ではもはや対応が困難になっていたということと、そういうある種の「欠陥状態」のなかで金融機関が大きな利益を上げていった（そして最後には危機に陥った）ことを示している。

ボーンはその後、アメリカの金融危機が深刻になった２００９年になって、アメリカ議会によって金融危機調査委員会の委員長に任命されたが、これはもはや「六日の菖蒲、十日の菊」をはるかに超えた話である。

（2）市場のリスクと企業統治の変化

市場型システミック・リスク

金融の変質と共に、不安定性が増加することを見てきた。その不安定性は金融システム全体の危機につながる。とりわけ問題となるのは、銀行システムの危機である。システム全体の危機をさしてシステミック・リスクというが、このリスクも古典的リスクと非古典的な市場型リスクとに分けられる。白川（［2008］299—300頁）はこれを次のように分類する。

古典的なシステミック・リスク

①心理的連鎖に伴う預金の取り付け

②インターバンク市場での直接的な与信の焦げ付き

③時点ネット決済システムを通じる連鎖的反応

市場型（非古典的）システミック・リスク＝金融市場における流動性の突然の枯渇

①価格の事実上の不成立（取引の停止）

②市場リスクに対する過敏化　↓　取引相手の選別

③価格の急激な変化、ボラティリティ（不安定性）の急騰

いずれもリスクも、銀行への信用が崩壊することを意味することに変わりはない。債務支払い能力が喪失したり、流動性が枯渇したりすれば、金融システムの機能は低下するか、麻痺する。

債務支払い能力は個々の銀行が自己資本を一定程度確保しなければならないということを意味し、流動性に関しては銀行の資金繰りをどう維持するかが問題となる。

流動性は、従前はキャッシュ流動性が主たる問題であった。預金の支払準備金などの形で銀行が支払いに充てるキャッシュ・通貨を持っていればよかった。しかし、市場型間接金融の拡大と共に、市場流動性の有無が大きな問題となる。つまり、保有している資産を市場で成立している価格でただちに売却できるかどうかという問題である。そのために、近年のシステミック・リスクは市場での流動性の枯渇という形で現れることが大きな特徴となっている。

流動性の枯渇は、直接には市場で流動性を調達できないという形で現れるが、それとともに、市場における金融商品（証券等）の価格の低下→資金提供者の減少→さらなる価格の低下、という形で悪循環が生じ、金融商品の形で保有している自己資本の価値をも損壊してしまう恐れがある。この現象は市場で生じることから、個々の銀行の問題ではなく、一気に金融システム全体の問題となる。こうして、金融システム全体の不安定が増すことになる。

金融機関の企業統治

金融に大きな変化が生じ、しかもそれが不安定性を増すものであるならば、金融における経営はより一層慎重になるべきであったが、逆になった。２００８年に始まった世界的な金融危機は、低所得者向け住宅ローン（サブプライムローン）に代表される不良債権の証券化が原因になったとされることが多いが、原因はそれだけだとはいえない。不良債権の証券化がどういう問題を内包しているかを承知しておきながらそれを放置、ないし積極的に取り込んで行った経営姿勢（企業統治）にも大きな問題があった。「企業統治や報酬制度における長年の変化も、金融危機の一因だった。政府にも責任がある」（ルービニ他［2010］87頁）ゆえんである。

たしかにリスクをとるのは金融業としての本来的な任務であった。しかし、このリスクの引き受けは資金の提供と切り離される一方で、資金の移転を伴うリスクの引き受けも、リスクというよりは、リスク評価さえ出来ない不確実なものの取引に変化していった。ルービニがこの状況を的確に指摘している。

…ナイトによれば、リスクは金融市場で価格を形成できる。事象の確率分布がわかっており、それに応じて投資家が価格を設定できるからだ。一方、不確実性は価格をつけられない。予測も測定もモデル化もできない事象や条件、可能性に関連しているからである。…／このリスクと不確実性の区分は、2007年夏の後半以降の金融市場の状況を説明するのに役立つ。危機が起こるまで、リスクはさまざまな証券に付与された格付けだけで判断できた。…リスクの定量化が可能だった。…ところが、住宅市場が急落し、不確実性がこういった証券を覆うと、金融システムはもはや理解が困難だと思えるようになり、ましてや予測は不可能になった。…フィナンシャル・タイムズ紙のジャーナリストが、8月にラジオ番組のインタビューでこう語った。「恐ろしいのは、地表に転がっている死体ではない。まだ知られていない死体がいつあらわれるか分からないことだ。誰もどこに埋められているを知らない」。（ルービニ他［2010］132―3頁）

危機の原因になったのは低品質のモーゲージ・ローン（不動産担保融資：引用者）ではない。低品質の金融システムなのだ。歪んだ報酬制度から腐敗した格付け機関まで、数々の問題のために、世界の金融システムは腐りきっていた。金融危機で表面の美しい部分がはぎとられ、長年にわたって腐敗してきた内実が明らかになっただけである。（ルービニ他［2010］376頁）

「長年にわたって腐敗してきた」のはアメリカの金融機関だけではなく、「世界の金融システム」である。金融システムは世界的規模で無謀化したのである。その原因は金融のグローバル化であった。グローバル化した金融を事実上支配するアメリカの金融システムが腐敗すれば、その腐敗はあっとうまに全世界（資本主義世界）に及ぶ。腐敗の度合いはヨーロッパの方がもっとひどかった。

アメリカの金融機関は無謀だったが、世界の金融機関もやはり無謀だった。2008年6月、ヨーロッパの銀行のレバレッジは過去最高を記録した。名門のクレディ・スイスは33倍、オランダの金融大手INGグループは49倍、ドイツ銀行は53倍、バークレー銀行は最高の61倍だ。これに対して、後に破たんしたリーマン・ブラザーズは控え目ともいえる31倍、バンク・オブ・アメリカンはさらに低い11倍にすぎない。（ルービニ他［2010］177頁）

問題はどうしてこんな「低品質の金融システム」が作られたかである。政府も中央銀行も金融機関の利益を擁護することはあっては、金融機関の低品質化を制御しようとはしなかった。先に見たように、金融システムに対する規制と監視は、強化ではなく緩和に向かってしまったのである。どうしてこんな逆さまなことが生じたかは、それだけで一冊の解説書が必要になる話だが、結論だけ言えば、金融機関の利潤獲得行動を各国政府がコントロールできなかった、あるいはコントロールしようとしなかったためである。その言い訳は、金融のグローバル化のなかでは、金融機関の規制も国際基準によるしかないというものである。

国際基準とは実際にはアメリカ基準に過ぎない。したがって、金融機関の規制緩和はアメリカ金融資本のエゴイズムの産物である。アメリカ政府はアメリカ金融機関の利益はアメリカ国家の利益であるとして、そのエゴイズムに歯止めをかけようとはしなかった。注 実際、アメリカでは政府と金融機関との間に「利益相反」（用語集を参照）と呼ばれる関係がいくつも見られ、政府による規制の強化などは絵に描いた餅であった。

もはや従前の規制と監視では失敗を防御できないようになっていた。そのような状態を放置し、儲けられるときひたすら儲けたいという金融資本家の欲望を政府が黙認したのである。しかし「ひたすら儲けたい」というのは、金融資本家のみならず資本家本来の活動の動機である。ただ金融に関してはその社会的使命（資本主義システムの中枢本部であること）から他の産業には見られない規制と監視がなされてきた。金融業に対する手厚い保護はその裏返しに過ぎない。問題は、規制と監視が機能しなくなっていたのもかかわらず、保護だけは従前のまま残ったことにある。

注　金融は、消費財や生産手段を作る生産活動をするわけではない。人々に代わって、専門的なサービス活動（教育や医療を考えればいい）をするわけでもない。言わば単なる利鞘稼ぎのようなものである。それ故、極めて利益のあがる事業でもある。しかし、資金の移転を伴う「余剰資金の社会化」という本来の任務は基本的には媒介的なものであり、受動的なものであったといえる。そしてそのことが金融業の活動範囲を限定していた。
　しかし、資金の移転とは独立してリスクの移転が商品となることで、金融業は資金の社会的需要とは無関係に商品を開発できるようになった。かつての活動範囲の限定はなくなった。新しい金融商品の開発能力があれば、金融業は自己増殖できるようになった（新しい金融商品のうちのいくつか――CDO、CDSなど――については用語集を参照のこと）。

こうしたこともあって、以下に見られるように、近年、アメリカとイギリスでは、国民経済における金融業の占める重要性が急速に増した。そのことが金融業の利益擁護ということの背景にある。このことを無視することはできない。

アメリカのGDPに対する金融業界の「寄与」は…1947年の2・5%から1977年には4・

4%へ、さらに2005年にはスタンダード&プアーズ（S&P）500種株価指数を構成する銘柄の利益のうち、金融銘柄の利益が40%以上を占めるまでになった。…2008年には、アメリカ全体の報酬のうち、13分の1強が金融業界ではたらく人たちに支払われている。第二次世界大戦の直後には、この比率は40分の1だった。（ルービニ他［2010］260頁）
（イギリスにおいては）GNPにたいする製造業の比率は急速に小さくなっていった。1980年には25%、1990年には23%だったが、2007年には12%まで落ち込んでいた。労働者数で見ても、1980年代初めには製造業で働く人が金融関連産業で働く人の倍以上いた。それが2009年では半分以下になっている。／金融に代わって経済をしっかりと支えられる産業は、どこにもなかった。（有田［2011］167―8頁）

（3）金融危機は何故防げなかったのか

資産価格バブルへの対応

金融危機はほとんどが資産（有価証券、不動産等）価格のバブルの崩壊から生じる。そして資産価格バブルは物価の変動とは無関係に起きる。つまり、物価が安定している中でも資産価格バブルは発生する。そうなると、「物価の安定」を中央銀行の金融政策の主要目標とするときに、この資産価格バブルの崩壊を防ぐこと、あるいは資産価格の低落をソフト・ランディングさせることがその対象となるかどうかという問題が起きる。FRBとBISとの間で意見が違っているという。

［資産価格の安定は金融政策の対象となるかということに関し］ＦＲＢは対象とならないとし、ＢＩＳは対象となるとする。ＢＩＳは、バブルの発生により「金融的不均衡」が生じ、それが経済に強い（悪）影響を及ぼすことを、バブル対策が金融政策の対象となることの理由としている。（白川［２００８］４００―０１頁）

ＦＲＢが「資産価格の安定」は金融政策の対象とならないとするのは、資産価格は「物価」――それも金融政策がその安定をはかるべき「物価」――ではないと理解していることを意味する。日々の生活に何の影響も与えないという意味では、それは再生産される商品（生産財、消費財）の価格とは本質的に異なっている。そして資産価格の騰落で直ちに生活が脅かされるとはいえない庶民にとっては、資産価格バブルの破綻それ自体が問題となるわけではない。したがって、「物価の安定」という観点からは資産価格のバブルのことまで金融政策が配慮する必要はないというのはある意味では正論であろう。

一方、ＢＩＳはバブルの発生により「金融的不均衡」が生じるとする。この「金融的不均衡」なるものが結局は金融システムの不安定化を招くとＢＩＳは考えているのであろう。そして現実にそうなっている。したがって、資産価格のバブルの問題を金融政策の対象から外すことは、金融システムの安定を金融政策の課題から外すことを意味する。ＦＲＢが資産価格バブルの抑制に消極的だったことは、ルービニも指摘している。

グリーンスパンは２００４年に、ハイテク・バブルについてこう論じた。「バブルだと推定されるものを抑えるために劇的な行動をとっても、その結果はほぼ予想がつかない。そこでわれわれは…『バブルが破裂したときの被害を緩和し、つぎの景気拡大への移行を容易にする』政策に焦点をあてる方法を選択する」。／　この戦略は奇妙だ。まず、大規模なモラル・ハザードを生み出す。…（「不確実性」のために介入は不可能だとするのも）まったく馬鹿げた反論だ。金融政策の決定にあたっては、不確実性はかならずついてまわる。（ルービニ他［２０１０］３２４―５頁）

先に、「もはや金融システムの安定は中央銀行が主軸となってやるべきことではなくなっている、中央銀行はそう考えているのであろうか」と疑問を投げかけた（２（３）を参照）。どうやら、ＦＲＢはそう考えているようだ。金融システムの安定を視野に入れない金融政策というのは、健康への影響を考えずに、ただ旨ければいいという料理を作るようなものだが、金融政策の料理人たるＦＲＢがそう考えたとしたら、金融システムの健康は維持できるはずがない。

「１００年に一度の津波」か「欧米型自由資本主義の破綻」か

アメリカの投資銀行、リーマン・ブラザーズが２００８年９月に倒産した。ここから始まった世界規模での金融危機を一過性の混乱と見るか、世界恐慌の始まりとみるかについてはここでは立ち入ることを控えたい。ただそれが3年を経て、様々な発現形態をとりながら、なお収束しないことは事実である。これほど大きな問題となっている金融危機をなぜ防ぐことができなったのか。

このことについては、様々な言い訳がなされている。一番有名なのは、「１００年に一度の津波に襲われたようなもの」というグリーンスパンの言葉であろう。その記憶が新しいうちに、本物の、それも１００年に一度どころか、１０００年に一度の、巨大津波に襲われたあとだと、この金融危機は誰も予想できなかった天災だというグリーンスパンの弁解ももっともらしく聞こえてくる。しかし今回の金融危機はあくまでも人間（とその集団）によってひきこされたものであり、予測困難な自然災害になぞらえることはできない。今回の金融危機を津波というのは、危機を招いた（あるいは危機の迫るのを傍観していた）自らの責任を逃れるためのグリーンスパンの詭弁にすぎない。

ただし「想定しうる危機」という点では今回の危機は、はるかかなたの震源地から時間をかけて押し寄せてくる津波に似ていなくもない。また津波警報にも似た「警告」が発せられていた[注]。それでも危機回避の方策はとられなかった。今回の危機の特徴の一つは、大きな危機が来るという警告が無視されたことにある。なぜ警告は無視されたのか。あるいは無視せざるを得なかったのか。

注　警告は枚挙に暇がない。とりあえず次の二つを掲げる。

アメリカ合衆国への大量の投資は、あたかも切迫した破滅の予告のごときものであるということを知っている。どのようにして、どの程度の速さで、ヨーロッパ、日本、その他の国の投資家たちが身ぐるみ剥がされるかは、まだ分からないが、早晩身ぐるみ剥がされることは間違いない。最も考えられるのは、前代未聞の規模の証券パニックに続いてドルの崩壊が起きるという連鎖反応で、その結果はアメリカ合衆国の「帝国」としての経済的地位に終止符を打つことになろう。（トッド［２００３］１４３頁：原著は２００２年）

…ドル不安の根っこには「米国の過剰消費」「中国の過剰投資」「グローバル経済の過剰流動性」という三つの過剰がある。そこにメスを入れない限り米国を巡る不均衡問題は解消せず、円相場が1ドル＝１００円をうかがう事態もありうる。（無署名「ドル安」もポールソン流：『ＦＡＣＴＡ』２００６年7月号）

もちろん、こういう警告を無視する考えもあった。その一人に小野善康を挙げることができる。小野は、「中国の過剰投資」は別として、他の二つ（「米国の過剰消費」「グローバル経済の過剰流動性」）は問題ないとする。これはアメリカの政策当局者の判断であったかもしれない。

構造的赤字が問題であれば、それはその規模が過度になり、将来返せなくなるような場合に問題なのである。…しかし、そもそも米国の生産力をもってして、そのようなことが起こるとは思えない。…一国の富の蓄積という観点からは経常収支黒字と国内資本形成との合計が重要なのであり、情報通信分野などでの国内資本形成が十分になされているならば、経常収支赤字があってもかまわないのである。（小野［２０００］１１８頁）

グリースパンは警告に従って適切な措置を講じ得なかった理由を、バブルつぶしに必要な政策は有権者に受け入れられないからだとした。しかし、水野［２００８］がいうように、だからこそ投票によって選ばれたわけではないＦＲＢが存在し、そこに金融政策の重要な決定権が与えられているのである。注 したがって、このグリーンスパンの「弁明」は受け入れるわけにはいかない。

注　水野によれば、グリーンスパンは次のように言ったという。

（グリーンスパンは）仮にバブルだとわかったとしても、「かなりの景気後退をもたらす政策を容認してくれる有権者は現代の民主主義社会にはいない」と言いきっています。彼はむしろ、バブルを止めなかったからこそ、投資家たちからは神様に祭り上げられた、資本家と一緒に踊ったから資本の神様だったということなのです。（水野［２００８］６７―８頁）

グリースパンのこの言い訳を水野は次のように批判する。

在任当時は金融の神様と呼ばれたグリーンスパン前ＦＲＢ議長は、回顧録『混乱の時代』でこう言っています。「住宅価格が上がっているときに、それを抑制するようなことは民主主義の社会ではできない」と。それは政治家が言うことならまだわかります。しかし、それでは金融政策をコントロールできないから、あえて国民によって民主的に選ばれない、政治から独立した専門家を、中央銀行の総裁すなわちＦＲＢ議長に置いて、大局的な判断を求めているのです。／　ＦＲＢ議長は、みんながバブルに踊っているときには、それにブレーキをかける。誰からも指図されず、効力のあるブレーキをかけられるからこそ、その地位が与えられているのだと思います。それができなかったことを民主主義のせいにしてしまうと、何のためにＦＲＢ議長が存在するのかわかりません」。（水野

［2008］66頁）

警告が無視された本当の理由として考えられるのは、このバブルを途中で潰すことは基軸通貨としてのドル、ないしアメリカ資本主義、あるいはドルとアメリカ資本主義を中軸としたグローバル資本主義そのものを潰すことになる恐れがあったということである（かつての三重野・日銀総裁がバブルを潰して結果的に日本経済を「失われた10年」に追いやったように）。製造業を中心として国際競争力を失った中で、外国からの巨額の資本流入を前提になお過剰な消費を続け、それを景気の維持の前提にしていたアメリカにとって、バブルこそが経済を支えていたとさえいえる。

上に引用したトッドの指摘（「前代未聞の規模の証券パニックに続いてドルの崩壊と帝国としてのアメリカの崩壊が起きる」という予測）にあるように、バブルの崩壊は結局はアメリカを基軸としたグローバル経済の崩壊につながりかねないという危惧が、そしてそれを回避するための対応策が見つからないということが、警告を無視させることになったのではないか。したがって、警告が無視されたことにこそ今回の危機の本質を見ることができる。

1997年のアジア通貨危機の際にグリーンスパンはアメリカ議会で、アジアの通貨危機が意味するのは世界が「欧米型の自由市場資本主義」に向かって動いているしるしだと力説したという（ジョンソン［2000］266頁）。グリーンスパンの言う「欧米型の自由市場資本主義」とは、実際には「英米型の自由市場資本主義」のことである。したがって、グリーンスパンは今回の危機を受けて、この危機は「英米型の自由市場資本主義」が破綻したしるしだと首を垂れるべきであった。しかし、彼がそういう発言をしたことは全く聞かない。注　警告を無視したグリーンスパンは、この金融危機が意味することもまた無視しようというのであろうか。

注　一方、ドイツの財務大臣は、この危機を受けて「アングロ・サクソン資本主義もアメリカの世界覇権もこれで終わり」ときっぱり宣言したという（ドーア［2011］93頁）。ただし、そのことは直ちにゲルマン型（ドイツ型）資本主義の優位性を意味するものではない。

4 国家の義務と財政の課題

さて財政の話である。金融の話をしてから財政を見ることになったが、財政の主体たる近代国家は、資本主義とともに誕生した。財政制度も近代国家と共にスタートする。資本主義は一方で金融システムをその中枢本部としたが、他方で、その背後にある近代国家は財政をどうしても必要とした。ただ、金融が専ら経済的事象であるのに対して、「財政は経済現象と非経済現象の結節点に位置している。財政現象から非経済現象を捨象してしまえば、財政学は独自の学問として成立しなくなる」（神野［２００７］６９頁）という相違がある。神野は、政治システム、社会システム、経済システムという三つのサブシステムを並立させた上で、財政がそれら三つのサブシステムを結ぶものだとして、以下のように言う（神野［２００７］２７―９頁）。

…市場社会が成立すると、経済システムが（政治システムと社会システムとから）分離することによって、経済システム、政治システムと社会システムという三つのサブシステムが独立してくる。この三つのサブシステムを調整し、一つのトータル・システムとしての社会に統合する媒介項を、財政ということができる。／　…政治システムは、財政というチャンネルを通して、経済システムを機能させるための公共サービスを供給する。／　…［また］政治システムは財政というチャンネルを通して、社会システムにもそれを機能させる公共サービス［秩序維持、生活保障等：引用者］を提供する。…／　…このように財政は、三つのサブシステムの境界線上にあって、それらを結びつける隠れた媒介項ということができる。そのため、財政現象を対象とする財政学も、社会諸科学の境界線上にあって、その見えない役割を探る科学とならざるを得ない。

財政は英訳ではPublic Financeであり、金融はFinanceと訳されることが多い。これだと、財政とは公的部門（政府部門）にかかる金融問題のことかという誤解が生まれかねない（Financeと訳されることが多いとした金融は、実際にはMoney and Bankingと言った方が正確であろう）。しかし財政は、あくまでも政治的課題と目標を背景にしたものであり、誤解を恐れずに言えば、行政を含む政治を経済的現象（その一番端的なものが税金と国債による資金の取得であり、予算の執行による資金の支出である）に着目して見ることである。これを単純に経済的問題としてとらえることはできない。

財政の対象範囲の広さは金融の比ではない。その分だけ、財政の問題は厄介になる。しかし、ここでは金融との関係に着目することにしたい。3で、中央銀行が金融システムの安定を自らの金融政策の課題としなくなっていることをみた。それでは一体誰が金融システムの安定に責任を持つのであろうか。中央銀行でないとすれば、政府しかないということになる。そしてバブル崩壊後の「被害の緩和」は実際には公的資金という名の税金で賄われた。そこに、金融問題が財政問題に転化する契機が生じる。このことを念頭において財政問題を見ることにする。

(1) 財政の目的とその歴史性

国家の二つの義務

財政の主体たる国家の義務に関して、ヘーゲルは「国家の第一の義務は、自己保存である」と言ったという（神野［2007］276頁）。庶民にとっては、今日はメシが食えるのか、今年の暮はうまく年が越せるのかといったことのほうがはるかに重要であって、国家の自己保存などということは全くどうでもいいことであろう。しかし、財政の主体たる国家にとっては自己保存こそが何より重要なのである。自己保存というのは、政治システムを維持することにほかならない。この政治システムは、大きく分けると、

ア　軍事と国内治安の維持

イ　所得権の設定　契約履行の強制　→　市場秩序の維持

の二つになる（同上、275―6頁）。もっとも、軍事と国内治安の維持ということも国民の生命と

財産を守るということであり、市場秩序の維持もまた、財産を保護することに他ならない。「生命の保護」というものは経済的観点から論じられるものではないから、これを除けば、財政からみた場合の国家の自己保存とは、財産の保護を目的としたものだということになる。

国家にとって財産の保護がいかに重要であるがを示す古典がある。ロックの『市民政府論』である。そこには次のように、「国家の目的は所有の維持にある」とする主張が繰り返し現れている（頁は、岩波文庫（1968年）のもの）。

この状態（財産を失い、何物をも所有できない奴隷状態：引用者）においては、彼ら（奴隷：引用者）は市民社会の一部とは認められない。けだしこの社会の主要な目的は所有の維持にあるからである。（87頁）

（国家の持っている権力の）すべては、その社会のすべての構成員の所有を可能な限り維持せんがためのものである。（90頁）

政府の目的は所有の安全以外にはない…。（97頁）

人々が国家として結合し、政府のもとに服する大きなまた主たる目的は、その所有の維持にある。（128頁）

人間が社会を取り結ぶ理由は、その所有の維持にある。（221頁）

これだけ繰り返すというのは、ロックの頭の中で、所有の保護ということが国家にとっていかに重要であったかを示しているといえる。このロックの著作に言及したある研究者は「もし財産が存在しなければ、それを守るために、政府が必要とされることはない。もしもわたしが自分のものをなにも持っていなければ、わたしが法律と裁判官と警察官と牢獄とからなる国家機構のうち、なにを必要とすることがあるだろうか？」とまでいっている（チャールズ・ヴァン・ドーレン『知の全体史』法政大学出版局、１９９９年、３９９頁）。国家にとっての財産の保護の重要性はまた、財政を論じるにあたっての出発点ともなる。注

注　政府の役割は、所有権の保護であり、その所有権の維持と増殖を実現する場としての市場の保護であったとすると、保護されるに値するほどの財産を持たない庶民は政府の保護の対象ではなかったということになる。そんな庶民は政府に税金を払うこと余裕もなかったであろうが、仮に払えたとしても、そんな政府に租税を提供する意味は庶民にはなかったのである。ともかく、政府が税金でもって何も守ろうとしていたかを知っておいて損はない。

国家のもう一つの義務は、近代国家が成立する以前には共同体が行っていたこと、たとえば、共同作業、共同利用施設の建設管理、老人や幼児等の生活弱者の保護、といったことを共同体に代わって執行することである。その背景には共同体がもはやそのような課題を処理できなくなったことがある。また社会が共同体的生産によって構成されていた時代には存在し得なかった失業

の問題も市場社会にあっては国家が処理しなければならない。先に（1（2）で）見たように、「もし金融機関が救済されずに資本主義システムが混乱に陥ったら、大量失業が発生する」ということが金融機関を税金で救う理由になっていたが、それは大量失業の回避が国家に課せられた課題とされているからである。

財政の歴史性

上述のことからわかるように、財政という概念は、決して超歴史的なものではない。共同体が市場経済にとって代わられ、同時に近代国家が成立したとき、初めて登場するものである。共同体への代替はある意味では「共同体の失敗」が原因であろうが、市場原理ではそれを処理できないという意味でやはり「市場の失敗」といえるものも多い。

社会的共通資本（道路、河川、港湾、都市基盤等々）を例にとって見よう。こうした共通資本の整備は共同体社会では共同体全体の作業によってなされるものであった（道普請や水普請という言葉にその名残がある。普請の語源は、大衆に請うて堂宇の建築などの労役に従事してもらうことだとされる）。近代国家の成立以降、共同体がそれを行うことは困難になり、この整備は国家（地方行政体を含む）の課題となった。この点では「共同体の失敗」が財政の理由となる。しかし別の側面から考えると、こういう共通資本はその整備のための投資に見合う収益が期待できないということから、市場に委ねておいては整備が進まないために、国家が直接それを整備することになるともいえる。その意味では、これは「市場の失敗」によるものである。[注]

注　なお、共同体的社会では、道路や河川敷といった誰の所有にも属さない空間は、「公」のものとして、何人にもその自由な使用が可能であった。しかし、市場社会では社会的共通資本は、「公」物という名の下で、実態としては「官」によって排他的に管理されることになる。これ自体、実に興味深い問題である。

また財産の保護、所有の保護も、市場経済だけではそれが実現できないという意味では「市場の失敗」を受けたものだといえる。そして市場経済はその成立から高々数百年しか経過していない歴史的な現象である。財政が歴史性を持つことはその主体である近代国家の歴史性とも密接に関連する。シュムペーター［１９８３］は次のように言う。

国民の運命に対する巨大な影響は、国家需要によって強要される経済的瀉血とこの瀉血の成果がどのように利用されるか、その方法いかんから生じる。諸国家の財政状態と財政政策が…国民経済の発展…にたいしておよぼす直接形成的な影響は、多くの歴史時期に、事実の大きな特徴のほとんどすべてを説明することができる。（１０頁）

財政需要がなければ、近代国家創成への直接誘因は存在しなかったであろう…。／　租税は国家の創成に加わっただけでない。その形成についても与っている。（２９頁）

財政は「宮廷費」「軍事費」に代表されるように、当初は市場経済としての国民経済の外のものとしてあった。しかし、経済活動によって国富が形成される割合が拡大するにつれ、財政の目的が変化し、市場経済の中に入り込んでいく。

こうした「財政需要」の変化は財政の変化であると同時に、国家そのものの変化をも示すものであろう。「財政需要」の内実の検討は国家の位置付けをも検討することにつながる。たとえば「財政需要」として、次の二つの分類を考えてみよう。

社会が（市場経済の外側の存在としての）国家に要請するもの

市場経済の構成員としての国家のほうがより効率的に処理できると考えられるもの

この分類の中には、すでに社会と、市場経済と国家の三つが現れている。財政はこの三つを結び、その三つそれぞれの変化とそれらの関係の変化を反映したものである。このことについては神野の的確な指摘がある。少し長くなるが引用する（神野［２００７］３４７—８頁）。

［市場社会以前においては］生産を融合した人間の生活は、共同体的習慣と領主の命令に盲従していたといってよい。それは、人間の生活を経済システム、政治システム、社会システムが未分離のまま三位一体となって、保証していたことを意味する。

ところが市場社会が成立すると、この三つのサブシステムが分離してくる。要素市場が成立するためには、自然にほかならない「土地」、人間と不可分に結びついた「労働」、それに「資本」という生産要素に所有権を設定しなければならない。しかし、そうした生産要素に所有権を設定するということは、それまで領主が領有していた領土や領民を失うことを意味する。つまり、それまで生産要素を所有していた「家産国家」が「無産国家」となり、政治システムから経済行為が剥落して、政治システムと経済システムが分離してくることになる。

しかも、要素市場が成立するということは、共同体から生産機能が抜け落ちることを意味する。生産と生活が分離し、経済システムと社会システムとが分離する。しかし、政治システムが「無産国家」となってしまえば、暴力の行為を独占して社会統合を目指す政治システムの活動が困難になる。そこで政治システムは、生産要素の所有者である国民の同意を得て、経済システムが生み出す所得の一部から強制的に貨幣を徴収して、社会的統合活動を実施するようになる。こうして市場社会での政治システムは、被統治者である国民が統治するという民主主義を受け入れることになるとともに、被統治者の共同事象として運営される財政を誕生させたのである。

この文章からわかるように、財政史あるいは財政論は、国家や共同体の検討につながる豊かな可能性を持っている。また歴史というものが、個別の国家ごとに異なることから、財政を論じる場合は、いつのいかなる国家の財政なのかということを無視することはできない。このあとでまた触れることになるが、財政は特定の国家の財政であり、それは金融を含む経済一般がいかにグローバル化しても変わることはない。これは金融と財政の決定的な違いである。

(2) 国家の財政活動の根拠

財政の機能

財政の機能は、教科書によって微妙に違っている。神野（［2007］61頁）が紹介するマスグレイブは、財政の機能を、次の三つに分類する。

① 資源配分機能　② 所得配分機能　③ 経済安定化機能

これに対して、井堀（［2007］27―30頁）は、上記の①と②を格差の是正を目的としたものとした上で、次の1項目を付加している。

④ 将来世代の配慮（例えば環境対策）

どの機能も「市場の失敗」と「共同体の失敗」に対処しようとするものといえる。資源配分とは社会的共通資本の整備をはじめとする公共サービスの提供のことであり、4（1）でみた、国家の二つの義務のうち、かつての共同体が担っていたものの代替にあたる。所得配分は正確には「所得再配分」ともいうべきものであって、端的にいえば、富める者あるいは強者から徴収した税金を、貧しき者あるいは弱者に付与することである。この二つの機能が格差を是正するされるが、その対象となる格差には次のようなものがある。

個人間格差
世代間格差

地域間格差
国際格差
職業間格差
性的格差
健常者・障害者間格差

資源配分と所得配分とだけでこのような格差が是正できるのかという疑問もあるし、格差のどこまでが是正の対象となるのかという問題もある。しかしこれが財政の機能であることは了解できる。

将来世代への配慮として井堀は環境対策を挙げているが、環境対策は必ずしも将来世代への配慮とは言えない。環境問題は現に生きて暮らしている人間の生命や健康にかかる問題であることが多いからである。むしろ、教育や少子化対策といったもののほうが次の世代への配慮というにふさわしいであろう。ただ、いずれにせよ、これが財政の機能であることも十分理解できる。

注意を要するのは「経済安定化機能」である。「安定」という言葉からは恐慌を含む景気変動に対処が想定されやすいが、むしろ、国家の第一の義務であった所有（財産）の保護をも包括する広い意味を持つのであろう（そうしないと、所有の保護は財政の機能から抜け落ちてしまう）。財政の機能として「経済安定化機能」を挙げるということは、財政のこの機能がなければ経済は安定しないと言っていることになる。元来財政は「市場の失敗」を根拠にしているのであり、その失敗を「安定性の欠如」と表現したものと考えればいい。こうした理解には市場原理主義者は猛烈に反撥するであろう。「市場の失敗」を認めず、市場は（ほぼ）完全であるとする市場原理主義者が政府の関与を最小限にする「小さな政府」を主張する理由もここにある。

財政の根拠としての「市場の失敗」と所得の再配分

財政が必要となる根拠は「市場の失敗」であることをみた。ではこの「市場の失敗」とはどのようなものであろうか。スティグリッツ（［1989］39頁以下）は、「政府活動の理論的根拠」として「市場の失敗」をあげ、この「市場の失敗」を次の6つに分類する。

1　競争の失敗（たとえば、独占）
2　公共財（用語集を参照のこと）
3　外部性（用語集を参照のこと）
4　完備していない市場（たとえば、保険）
5　情報の失敗（その非対称性）
6　失業、インフレおよび不均衡

さらにスティグリッツは、政府活動の二つの追加的根拠として、

所得再配分
価値財（用語集を参照のこと）

を挙げる（同上、50―51頁）。「所得の再配分」と「価値財」は「市場の失敗」ではなく、政治

的判断によるものだとスティグリッツは理解しているようだ。
一方、神野は「市場の失敗」を四つに分け、次のように説明している（神野［２００７］７９頁）。

政府が公共サービスの供給を市場を使用せずに、予算を使用して行う理由は、ベーターの名づけた「市場の失敗（market failure）」が存在するからだと、一般的に説明されている。「市場の失敗」とは、市場を使用しても、正確にいえば完全市場を使用しても、効率的な資源配分が達成できない場合である。それは、①公共財、②費用逓減減少、③外部性、④不確実性、の四つに集約されている。

神野によればこれが狭義の「市場の失敗」である。そして、広義の「市場の失敗」は次のようになる（同上、８１頁）。

狭義の「市場の失敗」に加えて、
所得配分の不公平（「市場の外部的欠陥」）
景気変動（「市場の機能障害」）
を含めたものを広義の「市場の失敗」と位置づけることができる。

神野の狭義、広義の区別の根拠はよくわからないが、どうも完全市場を前提としたときの「効率的資源配分」の可能性にかかるものが狭義の「市場の失敗」であり、それ以外が広義の「市場の失敗」らしい。

スティグリッツも神野も「所得配分（の不公平）」を（狭義の）「市場の失敗」から除外しているのは興味深い。「効率的資源配分」の観点からは「所得配分（の不公平）」は問題とはならない。それにもかかわらず、これが政府の財政活動の根拠となるのは、この問題を市場に任せ、不平等を放置しておいたのでは大きな社会不安が生じかねないとする判断があるからであろう。その意味では、これは財政活動のうちでも例外的なものといえるし、同時にどこまで不平等を是正するかは、時代によっても、国によっても大きな差が生じる理由になり、財政に普遍的一般性というようなものがない原因にもなる。

市場経済に任せておいたのでは効率的資源配分ができなくなるし、社会の安定という観点からも問題が生じる。こういう理解が、国家の財政活動の根拠となっている。[注]

注　「市場の失敗」は金融業に対してもいわれることがある。それが、金融業に対する規制と監督の根拠とされる。2（2）を参照のこと

「市場の失敗」としての景気変動と資本主義経済

スティグリッツは「失業、インフレおよび不均衡」を、そして神野は「景気変動」を、（広義の）

「市場の失敗」としている。「失業、インフレおよび不均衡」は景気変動（景気循環）に伴って発現する事象であるから、スティグリッツも神野も同じことを言っているとみていいが、景気変動が（広義の）「市場の失敗」だとはどういうことであろうか。

1（2）で既に見たことだが、景気変動は資本主義経済の本質の一つといえるものである。資本主義的生産様式が支配する市場経済のもとでは、景気変動は不可避であって、注意すれば避けられるというようなものでない。むしろ、それなしでは資本主義は自律的生産システムとして存立できないといっても過言ではない。Harvey は、経済危機は貨幣や労働力あるいは資本それ自身と同様に資本主義にとっては不可欠なものだとする。注「倒産のない資本主義は地獄のないキリスト教のようなものだ」という名言は既に紹介したが、危機のない資本主義はそれ以下である。あえて比喩すれば、「かぐや姫の出てこない竹取物語」か「ボールを使わずにやるサッカー」のようなものであって、ほとんど意味のないものである。

注　David Harvey, *The Enigma of Capital*, Oxford U. P., 2010, p.117

ところが、財政学の観点からは、経済危機を含む景気の変動は「市場の失敗」あるいは「市場の機能障害」だとされる。そしてこれを補完するために財政的措置が要請されるという。景気変動を「市場の失敗」とした上で、景気循環対策のために財政的措置を講じるということは、それによって、景気変動の緩和ないし回避ができる（つまり「機能障害」を克服できる）ということなのであろうか。

そうだとしたら、景気変動の意味を誤解していることになる。この誤解は単なる理論的問題にとどまらない。財政措置で景気変動が緩和できたり、回避できるわけではない。財政措置はせいぜいが景気の激しい落ち込みの後の回復を手助けすることくらいしかできない。それは景気変動が「市場の機能障害」などではなく、資本家的生産様式の本質の一つであるからだ。それでも財政は「経済活動の安定化機能」を担わなければならない。「経済活動の安定化」が広い意味での所有の保護であり、それが国家の第一の義務であるからである。財政は資本主義が本来的に抱える問題から生じる苦痛を緩和できたとしても、その苦痛の原因となる問題そのもの解決できるわけではない。それは財政がもつ限界でもある。

(3) 財政の「欠陥」

財政の限界に関して触れたが、財政には限界というよりは「欠陥」というべき問題が実はある。そしてそれが財政危機の遠因にもなる。典型的な問題をいくつか見ておこう。

負担と受益の直接的関係の薄さ

財政は突き詰めて言えば、誰がどれだけの負担をし、誰がどれだけの利益を受けるかということに尽きる。この負担と利益の関係は一様ではない。大きく分けて応益原則と応分原則の二つがある。応益原則とは利益を受ける度合いに応じて税負担をするというものであり、応分原則というのは、負担可能な度合いに応じて税を支払うというものである。近代財政は応益原則から始まったと言われる。

フランス革命で国民議会は、高らかに租税とは「市民の共同の義務であり、社会が市民に与える利益の代価である」と宣言した。ここに示されているように、「近代システム」では市民が私有財産の保護を自ら要求し、それゆえにこうした、保護サービスの利益に対して、「共同の義務」として租税を進んで支払うべきだという応益原則が正当化されたのである。／「市民に与える利益」とは「生命と財産」の保護であると理解されていた。生命に対する保護に対しては「人税」、つまり所得の分配局面に対する課税、財産に対する保護に対しては「物税」、つまり所得の生産局面に対する課税という考えも成り立つはずである。しかし、「生命と財産」に対する保護という旗印は事実上、所有権の保護であり、市場の保護であったということができる。そのため生命に対する保護としての「人税」は拒否されていってしまう。（神野［2007］343—4頁）

「国家の第一の任務は財産の保護である」ということが、ここでも確認されるが、それはともかく、財産を守ってもらうという「利益」の見返りとして税金の支払いという「負担」に応じるという応益原則がここに見てとれる。しかし、利益と負担の相関関係は厳密な特定が難しいし、公共サービスのなかには消防や河川防災といった、受益者の特定が困難なものもある。このことから税金の負担と公共サービスからの受益の間には直接的な関係が薄れていく。応益原則が応分原則になれば、それは一層進む。さらに公共サービスの提供主体としての政府が、国（中央政府）と地方公共団体の複数の段階に分化することによっても、直接的関係は不透明になっていく。つまり、「負担者の税金はいったん国税として中央政府に徴収され、国を迂回して地方の交付されるために、受益とのリンクが失われる」（井堀［２００８］２１７頁）のである。

この結果、様々な問題が生じる。一つは行政の暴走である。何のために税を払っているのかが不明になれば、政府（中央政府と地方公共団体）の官僚は、自分達の利益のために税金を使うようになる。自分達の既得権保護を目的とした税金の無駄遣いがここから生じる。

第二は、政治家達の選挙目当ての人気取り政策の出現である。政治家は、人気取りを目的として税の配分を自分達の都合のいいように変えていくことができる。財政は政治そのものであるから、金融における中央銀行のような政治から相対的に独立した組織は存在しない。そのことが失政による財政危機を招く一因となる。

最後は、税を負担する国民の側の身勝手という問題である。税金は無駄遣いされていると批判し、税負担を軽くする「小さな政府」を総論的に主張する一方で、各論的には、自分達のための公共サービスはもっと拡充して欲しいという「大きなサービス」の要求がなされる。

都合のいい要求をし、人気取り優先の政治家に政治を任せ、官僚の独走を監視しなかった国民が悪いと言えばそれまでだが、多くの国民にとって税金はその用途を限定せずに強制的に徴収されるものに過ぎなくなってしまっている。そういう仕組みがある以上、この問題を解決することは難しい。

課税による生産拡大の阻害

国民から税金をとるということは、国民の側から見れば税金をとられなかったならば使えたはずの収入が税金分だけ減るということを意味する。単純に考えれば、収入は全部消費に回されるわけではなく、一部は（蓄積を介して）生産の拡大に充てられる。課税によって減少するのは通常この生産の拡大に向けられるはずの部分である。つまり、税金を課するということは、生産の拡大を阻害することに他ならない。

徴収された税金がすべて生産的目的に支出されるならば、課税は生産の拡大を阻害しないといえるかもしれないが、税金の一部はどうしても非生産的用途に使われてしまう。シュムペーターは非生産的用途として「宮廷費」と「軍事費」を挙げ、税金がこうした目的に使われる場合は、租税は「それがない場合に生じると思われる生産の拡大を阻止する働きを持つ」（シュムペーター［1983］45頁）とする。もちろん、非生産的用途はこれにとどまるものではない。在外公館が外交上の接客用と称して蓄積する高級ワインも生産的効果をもつものとはいえない（気取っていえば、「アウトカム」が疑わしいということである。「アウトカム」については用語集を参照のこと）。また、結果的にはその一部が経営者の法外な収入に転化する銀行の救済資金にも生産的意味は認められない。というよりは、国家の支出には生産性のないものが無数にあると考えた方がいい。それをまかなうための課税は、結局は生産の拡大を阻害するということになる。

だからといって、このことを理由に税負担の重い「大きな政府」を批判する新自由主義者を擁護しようとは思わない。生産の拡大を阻害することになっても、税金を徴収して政府がやらなければならないことがある。ただ、どんなに財政需要が増え、税金が必要になったとしても、課税には限界があるということだ。

先に触れた税金を巡る負担と受益の直接的関係の希薄化と、この課税による生産の拡大の阻害とが、国債の誕生につながっている。国債は将来の税収を担保にした政府による借金である。直接の課税でさえ、負担と受益とリンクが希薄になっている。ましてや国債の返還（償却）のために将来発生する負担など、国民には痛みはほとんど感じられない。また、重い税負担は生産の拡大を阻害する恐れが強いが、国債によって収入を確保するならば、これは或る意味で社会的遊休資本を利用するようなものであるから、今直ちに国民の負担を求めることなく、税収と財政需要のギャップを埋めることができる。

国債という名の借金をしてまで財政需要をまかなうことにはむろん多くの問題がある（それがいかに大きな問題を発生させることになるかは、次章で改めて検討することにしたい）。しかし、課税による生産の拡大の阻害という問題がそれを不可避なものともし、正統化することにもなる。[注]

注　２０１１年３月に発生した東日本大震災の復旧のための財源の手当てを巡って、次のような主張がある。
復興のために所得税や法人税を急いで増税すると、生産性を悪化させて税収を減らすことになってしまう。／　政治が無駄遣いばかりしてきたから、借金は悪と考える国民の気持ちもわかる。だが、借金でも技術開発して収益を出すような事業をすればいいと考えてほしい。ロバート・フェルドマン（談話）（朝日新聞２０１１年９月16日）
課税による生産性の悪化と、それを避けるための国債の発行による借金という理屈（さらには税金の無駄遣いまでも）がよくわかる話である。フェルドマンは日本政府から頼まれたわけでもなかろうに、日本国民に国債発行について理解を求めているように見える。たしかに、国債は税収と財政需要のギャップを埋める重要な手段である。しかし、そのことは国債発行の理由とされる財政需要が本当に必要なものだということを証明するわけでは決してない。フェルドマンはこういうことを日本国民に語る前に、政府による財政需要の正当さの検証方法と政府による税金の「無駄遣い」の根絶方法を論じるべきではないか（そんなものがあるとしてだが）。

平等と効率性のトレード・オフ

所得の再配分が政府活動（財政活動）の根拠の一つとされる。しかし、その再配分によって所得の不平等をどこまで是正するかについては、時代と国によって大きなばらつきがあることは既に触れた。所得再配分には、もう一つの問題が付きまとう。効率性の問題である。
「能力に応じて生産し（労働し）、必要に応じて分け合う」というのは、共同体社会の原則であろうが、こうした社会には効率性はほとんど期待できないのも事実である。効率性など考えなくてもいいとするのも一つの考えであろうが、現代のような資本家的生産様式の支配する社会においては、政府も効率性を無視するわけにはいかない。このことから不平等の是正と効率性の確保の間に、両立不可能（トレードオフ）な関係が生じる。課税による所得の再配分には以下のような指摘がある。

現代人は、市民的自由と政治的自由に対しては誰もが平等な権利を持つことを自明のこととしているのに、（包括的な）富の分配については同じ要求をしないのである。なぜなのだろうか。おそらく、他者の市民的自由と政治的自由を尊重しても一般的には誰にも直接的な費用がかからないのに対して、富を再配分するとなると、自分の富をいくらか手放さなくてはならない人が出てくるからであろう。（ダスグプタ［２００８］１８７頁）

（経済学者ジェームズ・マーリーズによれば）政府があまりにも熱心に税や補助金を使って富を平等にしようとすると、家計が富を生産するインセンティヴが減少してしまい、結局は皆の利益が損なわれるほどになってしまうかもしれない。これが、平等と効率性との間の古典的なトレード・オフである。（同上、１８８頁）

富の平等は社会を停滞させるというわけだ。しかし、「社会の停滞」のほうが「富の不平等」よりも優先度が劣るということにはたして合理的理由はあるのであろうか。また「富の平等」が仮に「富を生産するインセンティヴの減少」を引き起こすとして、そのインセンティヴの減少ということにどういう問題があるのであろうか。

この問題は人間の生き方や、人間が形成する社会のあり方にもかかるものである。国民という集団が、異なった生き方や、様々な考えを持った人間によって構成されている以上、一様な答があるわけはない。そのことは財政にも解決の難しい問題を残すことになるし、同時に財政は歴史的、地域的に形成されてきた国民性を反映したものとならざるを得ない。そしてこのことが、国民国家の枠組みを超えた財政同盟の結成を極めて難しいものにする理由にもなる。注

注　財政同盟のむずかしさについては、6（2）および　6の補足　も参照のこと。

5　財政が悪化する理由

日本を含めた先進工業諸国のほとんどが財政の悪化に苦しんでいる。もともと財政は、受益と負担の関係が不透明であることから、収支のバランスをとる圧力が効きにくいという制約があるし、先に触れた財政の機能（資源配分機能、所得配分機能、経済安定化機能）そのものが財政悪化の危険性を内包しているともいえる。財政の歴史は財政悪化からくる財政危機の歴史であるといって過言ではない。[注1] しかし当たり前の話であるが、その理由は国によって差異があるし、意見が一致している訳でもない。[注2] ここでは一般的な悪化要因の幾つかについて見てみる。

注1　1（2）で金融機関の救済には二重基準が採用されていたことを見た。それと同じように、財政状態に関しても二重基準が用いられることがある。日本の財務省は、国内に向かっては、財政状況が悪化していて、増税ないしは歳出の大幅な削減が必要だとする。しかし、外に向かっては、経常収支、外貨準備高、対外債権等を指標にして、日本の財政は健全であると主張し、国債の格付けを下げるのはおかしいと苦言を呈する。これを岩本は次のように批判する。

財務省は国内向けには借金の総額を取り上げて財政危機を口にする一方で、海外に対して借金から金融資産を差し引いた、いわゆる純債務で日本は健全であると懸命に説明しており、ダブル・スタ

ンダードを採用しているということも…わかる。（岩本［2011］190―191頁）

注2　ギリシャの債務危機の原因がどこにあるのかを巡って、2011年10月10日の朝日新聞は次のような記事を載せている。

ユーロのもとでも、産業振興や外資導入は進まなかった。工場誘致は労組の強さから敬遠され、国内の工場は人件費が安いユーロ圏外に移った。雇用の受け皿は、人気取りのため政権交代のたびに増えた公務員だった。／デモやストが日常化したギリシャで（10月）5日、ゼネストがあった。「失政のつけを国民に押しつけるな」と主導したのは公務員の労組だ。労働人口約500万人の4分の1が公務員や公的部門だという。観光と海運以外には目立つ産業がなく、転身先は乏しい。／問題の根っこは何か。アテネで聞いて歩いた。／企業経営者は「肥大化した官僚組織と労組が問題だ」と憤る。その労組は「富裕層の税逃れを摘発するのがリストラや増税より先だ」と言う。／個人事業主は「お役所仕事を正すべきだ」といいながらも、「（リストラなどの）緊縮策が続けば、お先真っ暗だ」と見る。「ギリシャ救済というが、実際は我々から搾り取り、フランスやドイツの大銀行を助けるだけだ」と、EUや国際通貨基金（IMF）に非難を向ける人もいる。責任転嫁で世論は割れ、問題は解決されぬままだ。

（1）資源配分における無駄遣い

資源配分機能の典型的なものは社会的共通資本（道路、河川等）の整備に代表される公共事業であろう。それらは適正に執行されれば国民経済的生産力の増大に大きく寄与し、あるいは国民の生命財産の保護の弱点を補強することになる。しかし4（2）でみた様々な理由（官僚の暴走、政治家の人気取り、「大きなサービス」の要求）から、多くの無駄遣いが生じることになる。

　井堀は日本の公共事業の無駄遣いの典型例として農林系公共事業を挙げ、その原因は「技官が行政マンであることからくる無駄遣いの固定化」にあるとする（井堀［2007］218―221頁）。農林水産省のなかの農業土木系の技官集団が第一次産業の構造改善事業関係の行政を支配し、その予算を固定することから無駄遣いが生じていることを指摘したものである。

　しかし「技官が行政マンであること」は農林系に留まらない。行政マンとしての技官の最大集団は農林水産省にではなく、国土交通省にあり、土木系技官を筆頭とする行政マンとしての技官がそれぞれの所掌する事業の実行を自己目的化し、予算を固定化し、増大させるなかで、膨大な無駄遣いが生じていく。船が接岸しない港、一日に数便しか飛ばない飛行場、「車より熊が多い」と揶揄された高速道路、こういうものが次々と作られていく。こんなことをやっていて財政が悪化しないはずがない。

　勿論、反論はある。「無駄遣いではあっても、景気対策のためにはそれも必要だ」という弁解的反論ではなく、「無駄遣いでない。まだまだ公共事業は足らない」という、一見驚くような反論である。このことについては、藤井［2010］の主張が実にわかり易い。「公共事業必要説」を庶民にも十分理解できるように説いている。しかしその主張のほとんどは暴論と言わざるを得ない。これを読むと、むしろ何故無駄遣いが生じたかがわかってくる気もする。次のものが藤井の主張（〈 〉のなか）とそれに対する疑問（↓以下）である。

〈渋滞が起こるのは道路が足りないからだ〉

↓ 本当は違う。地方部に行ってみよ。渋滞は起こらない。

都市部で渋滞が起こるのは、人があるいはその人が使う車が多すぎるからだ。そんなところにいくら道路を作っても、「イタチゴッコ」が続くだけで、渋滞が解消する見込みはない。

ちなみに「可住地」当たりの人口密度、「可住地」当たりの自動車保有台数を国際的に比較してみよ。日本はべらぼうに高いはずだ。こんなところでは、「道路を増やす」のではなく、「車を減らす」工夫が必要なのだ。

〈高速ネットワークが経済を活性化する〉

↓ 高速ネットワークができればそれだけで地方経済が活性化するわけではない。

四国に行って見ればそれはよくわかる（木更津でもいい）。

四国（あるいは木更津）は高速ネットワークが完成するとともにむしろ活力を失った。

経済の活性化にかかる潜在的可能性をもたないところに高速ネットワークができたら、ストロー効果が生じ、かえって地方経済が衰退するおそれがある。

〈神戸港は荷扱い量で世界的順位を落としたが、それは大型コンテナ化の国際競争についていけなかったからだ〉

↓　神戸港が貨物荷扱い量の世界的順位を落としたのは事実だが、阪神淡路大震災の影響が強かったのであって、そのことを無視するわけにはいかない。

〈ポルトガルが国力を失ったのはリスボン大地震のせいだ〉

↓　18世紀にリスボンで大地震が起きたのは事実である（A）。

18世紀以降、ポルトガルがそれまでのような力を失ったのも事実である（B）。だからといって（B）が（A）の結果だとすることはできない。（B）は（A）以外の要因、例えば海上覇権を巡る英仏との戦いなど、によって生じた可能性のほうがはるかに高い。

もし首都の地震で国力が失われるというのであれば、関東大震災後、日本は急速に国力を失ったはずだ。しかし、そんなことにはならなかった。

ここに見られるのは、事実を自分の都合のいいように強引に解釈するという手法であり、公共事業はすべて効果があるという思い込みである。

勿論、無駄遣いが生じるのは日本だけに限ったことではない。藤井がリスボンの大地震でふれているポルトガルに対しては有田（［2011］215―6頁）が次のような紹介をしている。

…リスボンである経済学者がこう説明してくれた。／「公共事業が多いことが問題なんじゃない。問題なのは間違った公共事業をしてしまったことだ。我々はどこにもつながっていないような道路をつくってしまった。政治的圧力、とくに地方政界からの圧力が理由だ。ほとんどの公共事業は負担と便益の分析をしていなかった。」／ かつての日本と状況が似ていますというと、彼からこんな答が返ってきた。／「しかし、日本にはそれをまかなう余裕がある。余裕があるならたとえ間違いであっても、その影響は少ない」／ ポルトガルもギリシャもはねあがった政府の借金を吸収できる国内の貯蓄がなかった。日本にはあった。だから彼らは財政危機に陥り、私たちは陥っていない。／ …日本の国内貯蓄は山のようにそびえたつ政府債務を支えている。

藤井もまた、日本の国内貯蓄は潤沢であることをもって、〈これまで以上に借金をしても日本は破綻しない〉とする。藤井の数多くの暴論の中でも、これはその最たるものである。ここでは「破綻」の意味がすり替えられている。藤井は、日本の国債の大半は国内で購入されているから、ポルトガルやギリシャのような危機は生じないとしているが、借りたものは、たとえ自国の国民に対してであれ、いずれ返済しなければならない。一体どうやって返済するつもりなのだろうか。現実には大量の国債発行はインフレを引き起こす可能性が高い。そしてインフレは間違いなく庶民を苦しめる。藤井はそのことにほとんど触れていない。藤井の頭の中には、建設業者や土木官僚のことはあっても、庶民の生活のことはないのであろうか。

「日本の建設産業は政治産業である」といわれるが、[注] 藤井の主張には政治的圧力の下で〈実際はそれと結託して）無駄な公共事業を進めてきたという反省はまったくない。それは藤井が沈黙している問題とも関連する。いわゆる「政・官・業・学のスクェア（四角形）」のことである。かつて小沢一郎（元自民党幹事長にして、元民主党代表）は政治家、官僚、業者にマスコミと御用学者を加えたものを「鉄のペンタゴン」と評したことがあったというが（奥村［2010］201頁）、公共事業に関しては、マスコミはともかく、政・官・業・学の「鉄のスクェア」（四角形）が最も強固に構築されていた。この「鉄のスクェア」の下でどれだけ無駄な公共投資が行われてきたかを藤井は無視している。藤井自身が土木工学科の出身で、今も大学の土木系の教員をしている。そのため、藤井自身がこの「鉄のスクェア」から逃れ得ていないのではないか。こういう人物が大学で将来の「行政マンとしての技官」を要請しているのだから、無駄遣いが生じるのはある意味では当たり前かもしれない。

注　実証的分析で知られる篠原三代平は、建設業比率（就業者数にしめる建設業従事者の比率ないしGDPに占める建設業所得の比率）の国際比較を行い、日本における建設業比率が高くなった理由を7点指摘している。その中には次のようなものがある（篠原三代平『成長と循環で読み解く日本とアジア』日本経済新聞社、2006年、288―9頁）。

⑤建設会社に就職した学生から聞くまでもなく、建設業は一種の「政治産業」であった。これに「地域の活性化」という美しい言葉がつけられて47都道府県全体が集まると、巨大な政治圧力となる。高速道路だけではない。新幹線工事の拡大も、この政治的圧力のもとに次々に建設業比率を高めた背景となってきたようだ。

⑥計画段階から、四国には瀬戸内海を渡って「神戸・鳴門ルート」「児島・坂出ルート」「尾道・今治ルート」という三つの架橋が行われることになっていた。こんな計画事例はまさに他国に類例を見出すことができない。

(2) 所得配分として社会保障費の増加

先進工業国ほど財政問題に苦しんでいることの理由の一つは相対的に手厚い社会保障にあることは事実であろう。ただでさえ社会保障関係費の圧迫が強い上に、景気の後退が生じれば、失業手当や所得補償、さらには生活保護費も増えることから、財政の負担は一層重くなる。そして社会保障の高い水準は、仮に景気の後退が生じても簡単には切り下げられない。こうしたことを背景に社会保障費は増加し続ける。日本の国家予算の一般会計に占める社会保障費はすでに全体の1／4を超え、さらに増加傾向にある。

社会保障の中には、狭義の生産性から見れば「空費」に見えるものが数多くある。例えば退職者・高齢者に対する年金の給付がそうである。財政危機の中でその水準を切り下げろという声が出るのは、経済効率を最優先する立場からは、不思議でもなんでもない。

次に掲げた表は白井（［2010］ 88頁）が紹介している年金の給付水準の国際比較である（経済協力開発機構の2009年の調査によるもの）。数字は、現役時代の平均年収に対する年金の給付割合（年金代替率）を示している。財政危機に苦しんでいるギリシャでは代替率は9割を超えている。年金暮らしになっても収入は現役時代と大差はないということになる。

年金代替率（平均年金給付水準）

国	男性	女性
ギリシャ	93・6	93・6
ポルトガル	53・6	53・6
イタリア	69・3	53・9
アイルランド	34・2	34・2
スペイン	73・0	73・0
ドイツ	40・5	40・5
フランス	51・2	51・2
日本	33・5	33・5
アメリカ	37・1	37・1

それに対して、金融危機から財政危機に陥ったアイルランドは、日本と同程度の低さであり、これにアメリカを加えた三か国の給付水準は他の諸国とは飛び離れて低いことがわかる。ギリ

シャの財政危機はアイルランドの財政危機とはその原因が異なることを示唆するとともに、ギリシャが財政危機克服のための国際支援を要請する際に、ドイツやフランスといった給付水準が相対的に低位の諸国からギリシャに対して、「支援をする代わりに、年金の給付水準を下げろ」という要求が出される原因もこの比較からわかる。「俺のところじゃ、低い年金給付水準で国民に我慢させているのに、お前のところは国民に楽をさせておいて、それで俺に助けてくれというのか。馬鹿も休み休み言え」というのがドイツの理屈であろう。

しかし考えなければならないことが少なくとも二つある。ひとつはこの数字が現役時代の収入に対する割合であるということである。現役時代の収入が他国と比較して極端に低ければ、場合によっては、現役時代に低い給料で我慢した代わりに年金はそれなりの給付を受けるだけのことだ、ということさえいえる（だからといって、ただちに今のギリシャがそうだということはできないであろうし、日本の場合は、現役時代に高い給料をもらって将来に備えることができたはずだから、年金の給付率は低くて当然だというわけでは決してない）。年金代替率という割合だけで判断するわけにはいかない。

もう一つは、アイルランドのような、年金代替率が低いにもかかわらず金融危機から財政危機に陥った国の住民に比べて、ギリシャ国民がより不幸であったかという疑問である。仮に現役時代がいかに薄給であったとしても、現役時代の9割も年金を受け取るのはやはり社会保障としては手厚いというべきであろう。そして、9割ももらえるなら、ある程度「豊かな老後」を過ごすことができよう。したがって、その結果として「ツケ」が回ってきたとしても、「まあ、親父やお袋が楽をしたのだから、しようがないか」といえなくもない。この場合、危機の原因は納税者の親世代に対する「甘やかし」にある。受益者は身近にいる。それが実感できる。したがって、アイルランドのように納税者には縁もゆかりもない投資者（アイルランド国債の保有者）の救済のために負担を強いられるよりは、数倍「まし」といえるのではないか（少なくともその可能性はあるはずなのだが、ギリシャ人は「財政危機は政治家の放漫な政策の結果だ」として怒り狂っている）。

(3) フィスカル・ポリシーと赤字国債

財政悪化の三つの目の、そして最も大きな要因は「経済安定化」のための財政支出である。こうした支出が増加したのは古い話ではない。1929年に始まる世界恐慌の拡大・深化の中で景気回復のための財政支出がなされたことが始まりである。その後、景気回復のための財政出動はケインズによって理論化された。

「ケインズ革命」は財政学の潮流に、決定的なインパクトを与える。財政を景気回復の手段として活用とする財政政策は、一般にフィスカル・ポリシー（fiscal policy）と呼ばれる。「ケインズ革命」を契機にケインズの影響を受け、フィスカル・ポリシーに焦点を絞った財政学が、財政学のメイン・ストリームを形成するようになったといってもいいすぎではない。（神野［2007］57頁）

ケインズ政策の身近な例としては、バブル崩壊後の日本の政策がある。「失われた10年」（いや、もう「20年」である）といわれる時期の日本では、景気回復を旗印に公共事業がせっせと進められた。その効果は極めて疑わしいが、結果として膨大な財政赤字が残った。

1970年代になってケインズ政策は人気を失ったが、1990年代初め、日本が不動産バブルの破裂で景気低迷に苦しんだとき、政府がこの政策に戻っており、その後の十年に少なくとも十回の経済対策に総額百兆円を投じている。このため、日本の財政赤字は過去最高になり、良い結果と悪い結果が残ることになった。（ルービニ他［2010］221頁）

財政には余裕があるはずはないから（もしあったら、すぐに「税金を減らせ」と要求されるであろう）、フィスカル・ポリシーの展開は一般的に国債という名前の借金でまかなうことになりがちである。いわゆる赤字国債（「赤字国債」は用語集を参照のこと）の発行である。先に見たように、国債の発行は容易である。そして国債自体は昔からあった。乱脈にして華美な王侯の生活費や繰り返される戦争のための費用は常に国債でまかなわれた（多くの場合、それは踏み倒された）。しかしフィスカル・ポリシーのための国債は、宮廷費や軍事費といった非生産的目的ではなく、景気回復による国民経済の活性化という生産的目的のための借金である。[注] こうした大義名分が付されれば、国債の発行はより容易になる。抵抗はほとんどなくなる。それでも抵抗があれば、権力を利用して強制的に国債を買わせればいい。

注　フィスカル・ポリシーを理論化したのは確かにケインズであるが、それを財政の現場でケインズに先立って実行した人間がいた。このことについては、5補足　を参照のこと。

国債の発行による借金はあまりにも簡単であるが、それはともすると財政危機を一層悪化させることになりかねない（現在がまさにそうである）。それだからこそ、財政の根本原則では、各年の税による収入（歳入）と国庫からの支出（歳出）は均衡しなければならないとされ、赤字国債の発行は原則として認められない。実際、現在の日本の財政法第4条でも赤字国債の発行は禁止されている。しかしそれは、道路交通法の速度制限規定と同じ程度に、守られていない。毎年国会で「特例」として赤字国債の発行を許可する法律が可決されている。何十年もの間、毎年「特例」が繰り返されている。財政法第4条は死文化している。

同じことが中央銀行たる日本銀行の国債引き受けの拒否についても言える。先に紹介した日銀（函館支店）のホームページにあるように、日銀は政府が発行する国債を直接引き受けることはしない。財政法第5条が日銀による政府からの国債の引き受けを禁じているからである。[注] これは国債の大量発行によるインフレを懸念してのことである。しかし、日銀の資産（日銀券発行の裏付けとなるもの）の大半は国債である。どうしてこんなことになるのかと言えば、政府の発行する国債は市中銀行等が購入し、日銀はそれを市場操作で市中銀行から買い受けるからだ。しかし市中銀行を迂回したところで、市中銀行からの買い受け資金として日銀券を増発すれば、インフレが生じることに変わりはない。結局、財政法第5条はほとんど無意味になっている。

注　財政法第5条の規定は次の通りである。
第5条　すべて、公債の発行については、日本銀行にこれを引き受けさせ、又、借入金の借入については、日本銀行からこれを借り入れてはならない。但し、特別の事由がある場合において、国会の議決を経た金額の範囲内では、この限りでない。

財政法の骨格ともいうべき第4条、第5条がこういう状態であるから、財政法はいわば背骨を抜かれているようなものである。原因はすべて赤字国債の発行にある。赤字国債の発行には多くの問題が指摘されている。形式的な面から言えば、国債には返済を強制する主体が存在しない（神野［2007］225頁）。非政府部門の借金は民事法でその返済義務が規定されているし、それでも支払わなかった場合は、国家権力によって返済（あるいはそれに代わる司法措置）が強制されているから、借金には制約がかかる。しかし、国債にはそのようなものは存在しない。だから歯止めがない。

国家に返済を強制する主体が存在しなくとも、国債が返済不能になることは十分ありうる。それでも国債が売れるのは国家に対する、正確には国家の財政運営に対する信頼が極めて強いからであろうが、国家の財政運営がそれほどしっかりしたものではないことは近年の多くの事例が示している通りである。そうしたなかで、なお国債を買うというのは、他の債権や証券に対する投資よりはまだ危険性が少ないという消去法によるものであろうか。

一般的に、債務国に国際法を遵守させようとしても無理である。…国家は懲罰を受けないという認識が、主権債務（ソブリン債務）が膨張する原動力ともなっている。／過剰債務国が、借金帳消し、つまりデフォルトの事態に陥ると、債務国にとっては政治的・経済的な緊急事態となるが、じつは債権者の方が被害が甚大である場合が多い。（アタリ［2011］171―2頁）

赤字国債発行の最も大きな問題はインフレを引き起こすということにある。日銀の迂回的国債引き受けに関連して、赤字国債の発行は日銀券の増発につながるとした。これは何度も繰り返されていることである。赤字国債の発行がインフレを引き起こすことに関しては、ルービニの適切な指摘がある。少し長くなるが紹介しておく。

…財政政策は確かに恐慌への転落を食い止める一助になったが、注意しておくべきこともある。…財政政策がいいことづくめではないことだ。政府が支出の増額と減税を実施すると、しかもそうでなくとも税収が減少する景気後退期にこの政策を実施すると、財政赤字が急増する。国債発行を増やすしかなく、いずれ財政収支を黒字にしてこれを返済しなければならない。黒字にしないのであれば、債務が毎年膨らんでいき、いずれ投資家に国債購入を促すために、国債利回りを引き上げなければならなくなる。…／政府債務残高が増えればいずれ、政府は身動きが取れなくなる。債務不履行の恐れが強まれば、金利がとんでもない水準に上昇しかねない。そうなれば、政府の選択肢はかぎられる。政府債務が国内通貨建てならば、紙幣を増額して赤字を埋めるというごまかしの方法が使える。債務の貨幣化と呼ばれる方法である。その仕組みは量的金融緩和と同じだが、デフレ対策を目的とするのではなく、債務を帳消しにすることを目的とする。これで通貨供給量が増えて、財とサービスの購入に使われるので、インフレが避けられなくなる。そうなれば金利がさらに上昇［する］。（ルービニ他［2010］223―4頁）

5（1）で藤井［2010］の公共事業推進論を検討した。藤井は、日本の国内貯蓄が潤沢であることをもって、〈これまで以上に借金をしても日本は破綻しない〉としていた。これがいかに暴論であるかは、ルービニの指摘で明らかであろう。注意しなければならないのは、藤井のこの主張が全く無視できるものではないことである。現に5の冒頭の注で見たように、財務省自身が国外に向かっては、藤井と同じ趣旨の主張をしている。二枚舌のなせることとはいえ、財政当局がそのような姿勢である以上、赤字国債の発行とそれによる財政の悪化は止まることはないであろう。

補足　フィスカル・ポリシーと全体主義

この補論は主として歴史にかかるものである。興味のない読者は飛ばしてもらって差し支えない。

5（3）の注で、ケインズに先立って、フィスカル・ポリシーを実施した人間がいたことに触れた。それは、ムッソリーニをはじめとする全体主義者たちである。

1936年、ケインズは、公的債務は完全雇用を達成するための手段であるという理論をまとめあげ、『雇用・利子および貨幣の一般理論』を刊行した。／　しかしながら、ケインズがこの理論を発表するかなり以前から、経済成長をファイナンスするために公的債務を公然と利用した指導者が存在する。その最初の指導者はムッソリーニである。二番目はスターリン、三番目はヒットラーである。これを指摘する者はほとんどいない。ルーズベルトは四番目にすぎない。(アタリ［2011］126—7頁)

2008年の金融危機の後、あるケインズ研究家は「我々は皆ケインズの教えたことを忘れていた」と語ったという。この発言は「いまこそケインズ政策を復活させよ」という主張につながる。実際、ケインズの提言に従って雇用の回復を最優先にした政策を展開すべきだという主張が強まっている。しかしケインズ流のフィスカル・ポリシーに関しては、全体主義との親近性を無視できない。両者の親近性についてはこれまで看過されてきたきらいがある。

ピリングによれば、ケインズは『雇用・利子および貨幣の一般理論』ドイツ語訳の序文で、次のように言っているという(ピリング［1991］76—7頁)。

本書において例証され詳しい解説がなされることの多くは、主にアングロ・サクソン系の国々に存在する諸条件に関してである、ということを私は告白する。にもかかわらず、本書で提供しようと企図する産出の理論は、総じて、完全競争ならびに相当程度のレッセ・フェールの条件の下で生産される一定の産出物の生産と分配よりも、全体主義国家(totaler staat;当時ドイツで樹立されたファシズムにたいするケインズの婉曲表現)の諸条件にたいして、さらにいっそう容易に適用される。これは、自分の理論を一般理論と称することを正当化する理由の一つなのである。それはまた、正続派理論ほど狭くない仮定を基礎としているがために、さまざまな状況の広範囲にわたる要求にたいして、より容易に適用される。アングロサクソン諸国――そこでは、なお多くのレッセ・フェールが支配的である――における諸条件を念頭にして、本書を仕上げてきたが、それは、国のリーダーシップがより鮮明であるような状況にも、なお依然として適用可能なのである。

「本書で提供しようと企図する産出の理論は、…全体主義国家の諸条件にたいして、さらにいっそう容易に適用される」というのは、ケインズの理論は全体主義国家のほうが容易に実行できるということである。そのことをケインズは自分で語っていた。この翻訳書がドイツで出版されたのは1936年である。たしかにナチスの最盛期であった。しかし、それを考慮に入れても、ケインズのこの発言は無視できない。

もう一つナチスの経済政策へのケインズの親近性を示すものがある。ナチスがヨーロッパ大陸を席捲していた1940年7月、ナチスの経済相はシャハトからフンクに代わっていたが、そのフンクが「欧州新経済秩序」という計画を発表した。ケインズはこの計画を「まさにわれわれがその実現に努力すべきもの」とした（武田［2009］14―15頁）。この「欧州新経済秩序」にあっては、新しいヨーロッパ通貨の基礎として金を使うのはやめるとされた。これは確かに、金の廃貨を主張してきたケインズの考えに沿うものであった。またナチスの経済政策はシャハト以来、一貫して国内の失業とデフレの阻止を優先するものであったことを考えれば、ナチスの経済政策はケインズにとっては「まさにわれわれがその実現に努力すべきもの」ということになる。しかし、このナチスの経済政策は、アメリカやイギリスを排除した固有の経済圏（経済ブロック）を作るための政策につながっていった。フンクはこのとき、「金はそれゆえ国際決済手段としてのその重要性のほとんどを失い、…ライヒスバンク（ドイツの中央銀行：引用者）は新ヨーロッパ体制の手形交換所としての役割を担うものとなる」と語ったのであるが[注]、これは現実にはナチスが支配する大陸ヨーロッパから米英を排除するということに他ならない。そしてこのナチスの経済政策は国内外ともに、武力と圧政を背景にして初めて可能になった。それを忘れるわけにはゆかない。

注　ウィリアム・シャイラー『ベルリン日記』（筑摩書房、１９７７年）３５８頁（原著の出版は１９４１年）。
第二次世界大戦後のブレトン・ウッズ体制下において、金は、事実上「国際決済手段としてのその重要性をほとんどを失い」、そして１９７３年のドルの金兌換停止により、国際決済手段としての役目を完全に失った。その意味ではフンクは「早く来過ぎた予言者」だったのかもしれない。

ケインズがナチスと同罪というのではない。ただ、ケインズが「まさにわれわれがその実現に努力すべきもの」と評価した政策はナチスのような強権的政治体制のもとでこそ効率的に遂行されたということである。したがって、「ケインズの復権」を言うのであれば、かつてケインズが提唱した、あるいは高く評価した政策がどういう政治状況を背景に可能になったのかをまず考える必要がある。それを無視するのはあまりにも危険である。

1929年に始まった世界大恐慌は当時の政治状況にも大きな影響を与えずにはおかなかった。多くの植民地を抱えて「帝国」的構造を持っていたイギリスとフランス、それに領土的な特色からそれ自体が一種の「帝国」的存在であったアメリカを別として、実に多くの諸国で強権的政治体制が成立した。そして強権的政治体制はその維持にあたっては必ず武力を背景とするが、その成立は武力だけに拠っているわけでは必ずしもない。

ドイツの高校生向けと思われる古い教科書は、当時の政治と経済の関係について次のように書いている。「多くの国民を襲ったひどい困窮は政治にも影響をもたらした。生活のみじめさは選挙権を持った大衆を急進的潮流に結合させ、〈強硬派〉の約束に耳を傾けさせた。オーストリア、ポーランド、バルト諸国、ユーゴスラビア、ルーマニア、ブルガリア、ギリシャ、ポルトガル、そしてスペインにおいて、皇帝、将軍、あるいは政治家が独裁的全権を握った」[注1]。イタリアとドイツがここで除外されているのは、名を上げる必要もなかったということであろう。この教科書には、強権的政治体制という観点から日本も加えられている。その日本でも、選挙で選ばれた無産政党の代議士が強権的政治の具体的施策である国家総動員法に賛成し、この法案を提出した当時の首相に「ヒトラーのごとく、ムッソリーニのごとく、あるいはスターリンのごとく、大胆に日本の進む…」とエールを送った。[注2] 経済的困窮にあえぐ大衆が強権的政治体制を歓迎ないし容認したのである。悲しいことだが、飢餓状態にある人間にとっては、自由よりもパンのほうが重要であることを認めなくてはならない。大量失業からくる経済的困窮はそういった質を持ったものであることを、１９３０年代に世界は思い知った。

注１　*Um Volksstaat und Völkergemeinschaft*, Ernst Klett, Stuttgart, 1965, S. 133.

注２　半藤一利『昭和史残日録　戦前編』（ちくま文庫、２００７）１７１頁。エールを送ったのは、のちに民社党の委員長となった西尾末広である。議場が騒然となり「日本の進む」以下は聴き取ることができなくなったというが、「道を切り拓け」か、それに近いことを言ったのであろう。

こうしたことは遠い過去の話として片付けられるものではない。２０１１年１月21日の「天声人語」（朝日新聞）は次のような中国での小咄を紹介している。

「１９７９年　資本主義だけが中国を救う／　２００８年　中国だけが資本主義を救える」

これは現代の世界経済における中国の存在感の大きさを示すものであろうが、一党独裁という強権的政治体制を現在もなお維持している数少ない国家である中国が、金融危機のあと、いかに効率的な経済運営をしてきたかも示している。

欠陥のない財政政策という考えは幻想にすぎず、すくなくともほとんどの民主主義国では実現できない。金融政策は有権者の圧力から守られている中央銀行によって、即座に実施できるが、財政政策はそうはいかない。準備に時間がかかるし、利益誘導型の無意味なプロジェクトや、利用者がほとんどいない橋梁の建設など、資源の無駄遣いが起きる。…おそらく、今回の危機でとくに効果的な景気刺激策を実行したのは中国であることは、示唆的である。権威主義的な政治体制をとっている国なので利益誘導型の政治的配慮をほとんど必要とせず、インフラ近代化に実績をあげてきた既存の計画を前倒しするだけでよかった。（ルービニ他［2010］225―6頁）

フィスカル・ポリシーと全体主義の関係は、財政は単純に経済問題として考えることができないことを示している。

6　金融と財政の相互関連

金融システムを中枢とする資本主義には景気循環が不可避であり、その景気循環を「市場の失敗」としてこれに対処することに財政政策の根拠の一つがあったことは既に触れた。このことからも金融と財政には不可分ともいえる密接な関連があることがわかる。

本書を書き始めた契機はアイルランドで銀行を救済するために国民に負担を強いる事件が起きたことであったが、ダラダラと準備をしているうちに、ギリシャの債務危機が大きくなってきた。ギリシャの危機は直接には金融機関の救済のために緊縮財政が必要になったというわけではない。逆にギリシャの野放図な財政政策が債務危機を引き起こし、それが金融危機に転嫁する恐れが出てきたという構図である。これも金融と財政の不可分性を示すものである。

この不可分性を戯画化したような話がギリシャにはある。第二次大戦後の債務危機の際に、ギリシャの財務相は、紙幣を半分に裁断し、半分は国債を強制的に購入させ、残りの半分は額面の半分の価値を持つ通貨として流通させるという方法を考えたという。[注]これが現実のものとなったかどうかは不明だが、もしこれを強いられたならば、ギリシャ国民は金融と財政の不可分性を身を持って実感したことであろう。

注　Alexender Jung, Schnitt durch den Schein,in Alexender Jung et al (eds.) „*Geld macht Geschichte*", Goldman, München, 2011, S. 206

その一方で、国債発行によるインフレの発生の危険性に関しては、中央銀行は懸念と、場合によっては、抵抗を示す。金融政策は財政政策とは目的を異にしているという意見もある。その意味において、中央銀行と財政当局の利害は完全に一致するものともいえない。また、金融問題が国境を超えた広い影響をもたらすのに対し、財政政策はあくまで国家の主権の及ぶ範囲内での効果しか持たない。

こうした不可分性と異質性の下で、金融と財政が相互にどのような影響を与えあうのかを検討してみたい。

(1) 金融と財政の不可分性

金融と財政の不可分性を最も象徴しているのは、国債の問題であろう。国債の発行はその購入資金を国内・国外のいずれに求めるにせよ、その金利の設定を介して、金融政策に影響を与えないでおかない。

マーストリヒト条約（1993年発効）は単一通貨ユーロの創設を定めた条約であるが、この条約では、各国の財政政策にまで踏み込んで、一般政府財政赤字の対GDP比を3％以内に、一般政府債務残高の対GDP比を60％以内にするよう決められている。通貨同盟にかかる条約でありながら財政規律までも規定しているのである。白井はEUが財政規律を重んじる理由を次のように説明している（白井［2010］34―5頁）。

1　加盟国の政府がユーロ圏全体にインフレ圧力を波及させるような無責任な多額の借入を防止するため。

2「負の外部性」を回避するため。財政赤字に直面する政府は資金需要を膨らませるため、ユーロ圏の共通金利を引き上げてしまう恐れがある。金利の上昇は、他の加盟国の利払い負担を増やし、結果として公共支出と民間部門の消費・投資を抑制しかねない。

3　欧州中央銀行（European Central Bank：ECB）の信認（クレディビリティ）を高めるため。財政赤字の増大は、国債不履行（デフォルト）→国債保有の民間銀行の財務状況の悪化→ECBによる救済→マネーストックの増加、という経緯によってECBの反インフレ政策への信認が損なわれる。

ここにもインフレへの懸念が見て取れる。中央銀行の金融政策の目標が一般物価の安定にあることは既に見た。また、財政政策にあっても、物価の安定は経済活動の安定化のための大きな課題である。したがって、物価の安定＝経済活動の安定という観点からは、財政政策と金融政策は同じ目標を持つことになる。

渡邉・岩村は、中央銀行と政府（財政当局）のバランス・シートを連結させるという方法で、「財政余剰の将来流列に対する予想の変化は貨幣価値＝物価水準を変化させる」ことを明らかにし、その一方で、「財政余剰の将来流列よりは、中央銀行が決める（名目）金利によって、貨幣価値＝物価水準は左右されるから、金融政策も物価に影響する」としている（渡邉・岩村［２００４］１８頁、２０頁）。つまり、財政と金融政策の両者が物価に影響を与えるということになる。そのうえで、「財政と物価の問題は互いに独立ではなく、一方を決めれば他方も決まるという性質を持っている」（同上、３２頁）と結論付ける。このことを理論化したのが「物価の財政理論」（Fiscal Theory of Price Level：ＦＴＰＬ）と呼ばれるものであるが、このＦＴＰＬの意義を渡邉・岩村は上で触れたマーストリヒト条約にも見出している。通貨統合の問題に関連してこのような規定を設ける理由は、たしかに渡邉・岩村の言うように「ＦＴＰＬ以外では説明困難である」（同上、７９—８０頁）ともいえる。

一般物価の安定という観点からは金融政策と財政政策は不可分だということになるが、この不可分性は物価問題だけに限定されるものではない。中央銀行の金融政策は一般物価だけに留まらず、企業の投資活動にも大きな影響を及ぼすことになる。景気の低迷への対処はまずもって中央銀行の金融政策によってなされるのが普通である。この景気対策は同時に「経済の安定化」という観点から財政政策の課題ともなる。

必要な投資額をもたらすのに金融的なてこ入れが十分でないとすれば、政府支出と減税の適当な組合せによって完全雇用が維持されなければならない。負債投資主導の経済では、政府支出の重点は投資に向けられるであろう。そして、減税は投資刺激的な性質を持つと考えられる。（ミンスキー［1999］223頁）

「政府支出と減税の適当な組合せ」とは財政政策に他ならない。「完全雇用」を金融政策の目標とするということに関しては中央銀行の当局者の意見（これはこの後すぐに見る）とミンスキーの考えとの間に意見の相違がある。しかし、金融政策も財政政策も共に、景気に大きな影響を与えるものであり、それぞれが独立しているわけでは決してない。財政当局が中央銀行の金融政策を常に注視しているのもそれが理由である。

(2) 金融と財政の異質性

金融政策と財政政策とではその目標が違っているとする主張がある。たとえば、白川（［2008］328−9頁）は、財政政策は、資源配分、所得配分を担うものであり、一方金融政策は、景気の安定を政策課題とするものであるとし、両者を代替（可能）的な政策と見ることを批判する。そして中央銀行の独立性が弱く、金融政策が財政政策に従属する場合にインフレが生じるのだとして、次のような対比を行う（白川［2008］323―4頁）。

ケースA　中央銀行に独立性があり、物価安定を目的とした金融政策を遂行していて、財政は健全（国債発行額に上限を設ける等）

ケースB　中央銀行に独立性がなく、裁量的な財政政策がとられ、財政赤字のファイナンスを目的として中央銀行券が発行され、インフレが発生する

白川は、中央銀行の独立性が弱く、金融政策が財政政策に従属するケースを「フィスカル・ドミナンス」と呼んでいる。この言葉に、財政に対する中央銀行の反感がうかがえる。このことからも類推できるように、中央銀行と財政当局の利害は必ずしも一致しない。一番顕著な例が大量に国債が発行されているなかでの一般物価の高騰（インフレ）への対応である。インフレは必ず国債の金利を高め、金利負担を重くする。しかし、場合によっては、金利の高騰よりもインフレによる債務の実質的目減りのほうが大きくなることもある。この場合、インフレは財政当局にとっては歓迎すべきものとなる。しかし「物価の番人」を主要任務とする中央銀行にとっては、インフレは何としても避けなければならない。ここに利害の衝突が発生する。

この問題は「財政赤字はなぜ問題なのか」ということに通じる。財政赤字はいずれは（将来の）税金によって埋めなければならない。インフレなしにそれが埋められれば、そのこと自体が問題になることはない。しかし、経済成長がほとんどない場合、これは極めて困難な課題になる。身

近な例で住宅ローンのことを考えてみればいい。住宅ローンがなんとか返済できるのは、通常は借金総額が増加しないことと、収入が毎年少しずつでも増えて行くからである。このどちらもないとしたら、借金は容易に返せない。後は、インフレを頼るしかなくなる。「過剰な公的債務に対する…解決手段の中で、インフレは頻繁に利用される」(アタリ［２０１１］１７５頁)のである。しかし、インフレの下で通貨の信用が揺らげば、通貨の発行主体たる中央銀行はその存立基盤を失うことになる。だから中央銀行はインフレを嫌悪する。「通貨の番人である中央銀行が財政の肩代わりをすれば、最後は通貨価値が損なわれるとの懸念がある」(朝日新聞２０１１年９月13日)とするのも、財政の肩代わりが結局はインフレにつながるおそれがあるからである。

金融と財政の異質性の背景には国家の存在がある。経済のグローバル化という言葉を聞かない日はない。グローバル化とは資金や労働力そして商品が国境を自由に越えるということであり、市場経済のボーダレス化ということでもある。金融はこのグローバルの先端を走るものであり、それが最も進んだものであるともいえる。

これに対して、財政はその本質上、国境で囲まれた領土とそこで暮らす国民とを最低構成要素とする国家を背景としたものである。財政政策はしたがって国境を簡単に越えることはできない。そして財政政策は政治システムの極めて重要かつ不可欠の一環であるから、それは政治システムとともに、国境を越えて相互に調整することは著しく困難である。

つまり、金融はグローバル化の先頭を走るのに対して、財政はどうしてもローカルなものにとどまる。この点において両者は本質的に異質な要素を持っている。そのことが「現代システム」の危機を引き起こすとされる。

「現代システム」が危機に陥っているのは、市場経済をボーダレス化・グローバル化するまでに拡大させたために、社会的セーフティ・ネットが綻び、社会システムが機能不全に陥ってしまっているからである。市場経済のボーダレス化・グローバル化が進むと、政治システムの所得再分配機能や経済安定化機能が減衰する。（神野［2007］368頁）

金融と財政の異質性を最も鮮明に示しているのは、ECBとそこに参加している17カ国の政府であろう。金融政策はECBに委ねられているが、財政政策は各国がバラバラに行う。金融政策に大きな問題が生じると決まって財政的措置が問題となるが、各国政府は自国の銀行の救済にはすぐに出動するとしても、他国の銀行救済には腰が重い。そしてそれに有効に対処する方策は現在のところ、ない。

ただ、これは「現実」に引きずられ過ぎた見方だともいえる。本来は白川の言うように、金融と財政の目的は違うのだというべきかもしれない。そうだとすれば問題は、両者は本質的に異質で、分離すべきものであるにもかかわらず、現実には不可分のものになっているということにある。注「金融政策と財政政策とではその目標が違っている」と主張した白川は、中央銀行たる日銀幹部として、物価政策、景気対策はもっぱら中央銀行の金融政策に委ねられるべきもので、財政当局の干渉は問題があると言いたかったようだ。しかし、その目標が違っている二つの異質な政策が、相互補完的なものになっているのは何故か、という視点が白川には欠けているように思えてならない。

注　もっとも、金融の規制や監督は依然として全くグローバル化が進んでいない国民国家が担っている。そして国民国家のグローバル化はほとんど見込みがない。最近、そのことを影絵のように浮かび上がらせる話に接した。2011年10月26日の朝日新聞が報じた次の記事がそれである。

…カトリックの総本山バチカン（ローマ法王庁）の「正義と平和協議会」が24日、「国際的な金融通貨システムの再編に向けて」とする書簡で提言を発表した。／具体的には、国際通貨基金（IMF）などに新興国の関与を強め、より効果的な調整や監督ができるようにすべきだとした。欧州中央銀行（ECB）をさらに強化したような「世界中央銀行」の設立も求められている、とも言及した。／「倫理的アプローチ」として、①金融取引への課税　②実体経済の発展に向けた、銀行への資本増強　③通常の融資と投資の区別　なども列挙している。／…グローバル化について「人々をより結びつけており、国を越えたレベルでの法治が求められている」と指摘し、「国同士が争う時代から、より団結した国際社会を生み出す移行期だ」と呼びかけた。

信仰のことにしか関心がないのではないかと思っていた法王庁が金融という世俗中の世俗のことにかくも具体的提言をするとは驚きだが、その内容を読むと「やはり法王庁の提言だ」と妙に感心してしまう。「世界中央銀行の設立」といい、「金融取引への課税」といい、「国を超えたレベルでの法治」といい、あるいは「より団結した国際社会を生み出す移行期」といい、まるで現実性がない。というよりはいずれも極めて困難な課題であり、実現できないままでいる難題である（金融取引への課税は、1972年にアメリカの経済学者、ジェームズ・トービンが提唱したもので、投機的な取引を抑制する効果があるとされていながら、40年間実現する気配がない）。それを「やるべきだ」というのはいいとして、どうやって実現するのか。法王庁は「政治家が演壇から訴えても無理でも、祭壇からの説教はすべての人間が聞き入れるものだ」とでも思っているのであろうか。

（3）財政と金融のクライシス・スパイラル

国家を間において、金融と財政は克服困難な異質性を抱えたままでいる。その一方で、金融と財政は相互に強い影響を与え合う。その一つの例が銀行に対する規制の変化である。再掲することになるが、日本の銀行は従前次のような規制を受けていた。

金利規制
業態分野規制（直接金融と間接金融の兼業の禁止）
国際取引規制

ところが、「このうち、金利規制は、1970年代中頃からの大量の国債発行とそれに伴う国債取引市場の形成の過程で、なし崩し的に緩和（撤廃）されていった。また大量の国債を消化するために、銀行と証券会社の「垣根」も曖昧になっていった」（本多［2000］46—50頁）。国債の大量発行という財政政策が金融の規制の根幹にかかる部分を変えていったのである。

中央銀行自体によって、財政危機への支援がなされる場合がある。ＥＣＢは２０１０年に次のような緩和策をとった。

担保資産の最低基準の緩和の継続（格付け評価の引き下げを受けての措置）

ギリシャ国債への担保資産の最低基準の適用停止（同国債の評価が低下し、担保資産としての最低基準を割り込むおそれが出てきたことを受けての措置）

国債・社債の市場からの買入

この緩和策は金融政策と財政政策の区別の曖昧化という歴史的意義を持つとされるが、[注]これもまた財政危機を受けて金融政策が変わった事例といえる。

注　白井は次のように指摘している（白井［２０１０］１２８―１３１頁）。

ＥＣＢによる三つの緩和策は、ＥＣＢの歴史にとって大きな意味を持っている。もともとＥＣＢはドイツ中央銀行「ブンデスバンク」の流儀を踏み、反インフレ政策を掲げて運営されてきた。ＥＣＢによる市場からの国債購入には、金融政策と財政政策の区別があいまいになるとしてこれまで強く否定してきたし、まして一国の国債だけを特別扱いするということは到底受け入れなれないことであった。／　それがこうした政策へと舵を切ったということは、金融業界およびＥＵ諸国から想像を絶する圧力がかかったと察することができよう。

市場からの国債の買入が財政政策と金融政策の曖昧化を意味するのであれば、日本国債を大量に買い入れている日銀などはその曖昧化の最大の責任者だということになる。その日銀のトップが「金融政策と財政政策は峻別されるべきだ」（白川［２００８］３２８―９頁）と主張する資格があるとは思えない。

金融危機が債務危機に変わる場合もある。アイルランドの金融危機から話を始めたが、アイルランドの危機は決して金融危機に留まったわけではない。アイルランド政府は銀行を救うための資金を国債で調達した。そこにギリシャの債務危機が発生した。その結果次のような事態が生じた。

ギリシャ危機がピークを迎えた２０１０年5月、ＥＵでは欧州安定ファシリティー（ＥＦＳＦ）[注]を設置してＥＵ加盟国のデフォルトに備えセーフティーネットを用意したのだが、２０１０年10月末になって突然ＥＵ首脳会議の席においてドイツのメルケル首相は「ユーロ圏の将来の危機対応のコストを債権保有者（民間）にも負担を求めるべき」と発言した。セーフティーネットの話はどこへやら、今後ＥＵ内でデフォルトがあればもうドイツ国民の税金を使ってまでは助けない、債権保有者の責任だと言いだしたのだ。慌てた国債の保有者はデフォルト・リスクの高そうな債権から売り始め、対ＧＤＰ比率で財政赤字が最も大きいアイルランドがターゲットになってしまったという状況である。（岩本［２０１１］１４２頁）

注　EFSFは、“European Financial Stability Facility”の略で、日本語では「欧州金融安定基金」と呼ばれることが多い。

ギリシャの危機がヨーロッパ全体に波及していく構図がここから見える。またアイルランド政府は銀行のデフォルトを回避する代わりに自らがデフォルトする危機に陥ったことになる。つまり金融危機が債務危機に転化したしたのである。

また、見方を変えれば、ギリシャの債務危機が全欧州の銀行を巻き込んだ金融危機を引き起こしているともいえる。この場合は、債務危機が金融危機に転じたことになる。

（２００９年にギリシャから始まった）今回の危機は性質が異なっている。それまでの欧州問題は、米国サブプライムローン証券化商品への投資や、銀行間市場での信用収縮によって発生した「金融危機」および世界同時の景気後退による「貿易・投資の縮小」によって引き起こされていた。／一方、現在の危機は、欧州の中でも多額の財政赤字や公的債務を抱える国で発生した「財政危機」である。しかもこの財政危機が、そうした国の国債や社債に大量投資している他の欧州諸国の銀行に打撃を及ぼしつつある。新しい「銀行危機」が生じかねない危険性をはらんでいるのである。（白井［２０１０］７８―９頁）

２０１１年10月にはフランスとベルギーに経営基盤を置いていた大手金融機関デクシアが破綻した。原因はギリシャなどの債務危機に苦しむ諸国の国債を多く持っていたことから、これらの国々の債務危機のあおりを受けて、信用力が低下したことにある。つまりこういう国債を大量に持っていることから、膨大な損失が出るのではないかと危惧され、市場での資金繰りに行き詰ってしまい、破綻したわけである。そしてデクシアがどうなったかといえばフランスとベルギーの両政府の公的資金（出所は税金であろう）が注入されることになる。政府の債務問題が金融不安に変わったことになる。そしてこの金融不安に対処するための財政措置がさらにまた財政を圧迫する。こうした事態は、ＥＣＢの「金融政策と財政政策の区別の曖昧化」政策がもたらしたものともいえるが、同銀行の元幹部が「財政のリスクが金融の安定を損なっている。そんな状況の中に我々はいる」と呟くような有様になっていることは確かである[注]。

今や、財政危機が金融危機を惹き起し、それがまた財政を悪化させ、その結果、金融危機がさらに深刻化するという、「財政と金融のクライシス・スパイラル」とでも呼ぶべき現象が生じる危険性が現実のものとなっている。これは次のように展開する。

財政危機の発生　↓　国債価格の下落　↓　国債を大量の保有している銀行による国債の投げ売り　↓　国債価格のさらなる低下　↓　国債の評価損による銀行の資本不足化　↓　公的資金による資本増加の必要　↓　財政の悪化の拡大　↓　国債価格の一層の下落

デフレ・スパイラル（これについては用語集を参照のこと）を思い出させるような関係であるが、デフレ・スパイラルが一国内で留まることが多いのに対して、この「財政と金融のクライシス・スパイラル」は、国債を保有する銀行が世界的な規模で広がっていることから、その展開もグローバルなものとならざるを得ない。こうして、本来はローカルな問題であったはずの財政問題がグローバル化していく。

注　ECBの前理事ユルゲン・スタークの話として2011年9月11日の朝日新聞が伝えている。なお翌々日（9月13日）の朝日新聞には、以下のような記事が掲載された。

2008年9月15日の「リーマン・ショック」から約3年。封じ込めたはずの世界経済危機がぶり返し、国際協調が試練の時を迎えている。

これまでは、財政出動と金融緩和などG20（主要20カ国・地域）によるグローバルなケインズ主義的協調が世界を恐慌のふちから救ったように見えた。

だが、バブル崩壊・同時不況で先進国の財政赤字が膨れ、ギリシャを発端に欧州に債務危機が深刻になった。国債を保有する金融機関の資産悪化や、雇用不安が世界の市場を大きく揺さぶっている。

ただ不思議なのは、危機からどうやって脱却するかいう議論に、どうしてこんな危機に陥ったのかということが隠れてしまっていることである。財政危機に陥るような国家の国債を大量に買った銀行の経営責任はどうなるのか。そのことがほとんど議論されない。そして本当は、その上で、なぜそんな銀行を税金で救う必要があるのかが問題になるべきなのだが、不思議なほどこの問題は避けられてしまっている。

補足　共通通貨の苦しみ

ヨーロッパ、とりわけ共通通貨ユーロを導入している諸国が「債務危機」に苦しんでいる。「債務危機」の原因は一様ではない。アイルランドのように金融危機が銀行救済のための国庫負担増を介して債務危機に転じたものもあれば、ギリシャのように財政状態の隠蔽が破綻して一気に危機に陥り、それが国際的な金融危機を惹起する場合もある。共通しているのは、ユーロを通貨として採用しているということだ（最近、ハンガリーのようなユーロ圏外にまで危機は拡大しているが、これは別に論じる必要があり、ここではひとまずおく）。そのことから生じる問題がある。

アイルランドをはじめ、ユーロ圏諸国はユーロを採用しているため、景気が後退しても、通貨を切り下げて国際競争力を回復することはできない。このため、競争力を回復するには、賃金などの抑制あるいは規制緩和による競争の促進によって価格上昇を抑えなければならない。／しかしこうした政策は国民には不人気で、政府はなかなか踏み切ることができない。

（白井［2010］231頁）

ユーロを採用している国は、共通通貨しか持たないために通貨の為替レートの切り下げ（対外的切り下げ）が出来ない。残された手段は、「対内的切り下げ」とでもいうべき、賃金の引き下げや社会福祉の削減しかない。だから白井の言うように、「国民には不人気で」あるから、「政府はなかなか踏み切ることができない」とばかりもいっておれない。

ノーベル経済学賞の受賞者であるアメリカの経済学者、ポール・クルーグマンが2010年11

月28日のNew York Times（電子版）に「囚われ人のスペイン人」（Spanish Prisoner）というタイトルのコラムを寄せている。クルーグマンは住宅バブルの崩壊や失業の増大という点でスペインはこの数年のアメリカとよく似た状況にあるとする。しかしアメリカと違い、スペインは固有の通貨をもっていない。だから通貨の為替レートの切り下げによって、国内産業の競争力を回復させるという方法をとることができない（クルーグマンによれば、アメリカはそれをやろうとしている）。スペインにできることは国内の価格と賃金を引き下げることであるが、これはデフレを生じさせ、そうでなくとも住宅バブルの崩壊等によって大きな問題となっている負債の処理を更に困難にすることになる。「スペインは事実上、ユーロの囚われ人である。そこから抜け出すよき選択肢はない」。これがクルーグマンの結論である（このあと、クルーグマンはこのスペインの教訓をアメリカに振り向けている）。

またクルーグマンは２０１１年１月12日のNew York Times（電子版）に、Can Europe Be Saved? というコラムを書いている。ここではクルーグマンは、言葉や文化の壁で、労働力の移動の自由が極めて制約されていて、財政も各国が独立している状態で通貨だけを統合したら、一体どうなるか、と疑問を呈する。彼によればそれが現在のヨーロッパの根本問題だという。そして通貨統合によって、他の通貨に対する為替レートの切り下げという「外的減価」が出来なくなった以上、猛烈な緊縮財政という「内的減価」に耐えるしかないとする。

２０１１年３月３日付けのGuardian（電子版）にはコスタス・ラパビトサス（Costas Lapavitsas）

のコラムが掲載されている。彼の指摘は手厳しい。ユーロ圏の周縁諸国（ポルトガル、アイルランド、イタリア、ギリシャ、スペインといった諸国。イニシアルをとって、ＰＩＩＧＳと呼ばれる）は借金に頼って経済成長を続けたが、金融危機に陥ると共通通貨のゆえに為替相場の調整を行うことが出来ず、引き締めによる「内的調整」しかできなくなった、とする。ここまではクルーグマンの指摘と同じである。だが、ラパビトサスはここからさらに踏み込む。財政引き締めという金融危機への対応コストは、２００１年から２００７年の金融上のドンチャン騒ぎ（Orgy）とは無縁であった労働大衆に負わされている。収入の低下や失業の増大という形で、である。その上、彼らが負うことになった負担の内容について彼らは何も知らされていない。選挙でこの問題に光をあてようにもそれは全く不十分である。ラパビトサスはそう批判したうえで、市民や組織労働者の代表も加えた独立した監査機関を設置して、野放図に貸し出しを続けた金融機関の調査を行うべきだと要求する。

その通りであろうと思う。しかし、正当な要求がそのことだけを理由にしては実現しないのが現実である。失業した労働者は次の日から暮らしに困るが、破綻した巨大金融機関の経営責任者は、辞職する場合は莫大な「退職金」を受け取り、残った者には、公的資金から巨額の「ボーナス」が支給される。そうしないと優秀な人材を引き留めることができないというのがもっともらしい理由とされる。「優秀な人材」が危機を引き起こしたにもかかわらずである。

「国境なき医師団」のスローガンは「国の境目が生死の境目であってはならない」というもの

であったが、金融にあっては、「貸し手であるか、借り手であるか、あるいは金融とはそもそも無縁であるかの違いが、天国と地獄を分ける」のが当然なのである。「金融とはそもそも無縁である」である身としてそのことを痛切に感じる。そしてそのことが一向に改まらないというのが不思議であるが、在職時から法外な報酬を受け取り、破綻しそうになれば政府によって救済される金融機関の人間の辞書には多分「反省」という言葉はないのであろう。

また財政統合が必要だというのも、ある意味では真っ当でありながら、実現性の困難な主張といえる。多くの金融や財政の専門家が財政統合の必要性を訴えている。次もそうした例である。

欧州は経済統合を壊さないためにも財政統合に進むしかない。それはドイツがユーロ圏を支えるために財政負担するということだ。いまは通貨と金融だけ統合した状態だが、ユーロ圏の共同債を出して財政統合を少しずつ進めていくことが信用不安の収拾に役立つ。（榊原英資の談話……朝日新聞2011年9月16日）

財政統合がいかに困難なものであるかは、何年も前からそれが言われていながらいまだに具体的な進展がないことからも想像はつく。財政統合はその本質（財政は政治そのものであるということ）から直ちに政治統合につながる。ヨーロッパにおける財政統合＝政治統合とは現実には「ヨーロッパのドイツ化」を意味する。武力での制覇に二度とも失敗したドイツが通貨の威力でヨーロッパを支配する。そういう状況が生まれることを素直に歓迎するヨーロッパ人は決して多くはないであろう。
財政統合が実質的に「ヨーロッパのドイツ化」に向かうことに対する警戒心は既に現実のものとなっている。2011年12月上旬、財政統合に向けたEU首脳会議が開催された。これを受けて12月11日の朝日新聞は次のような記事を載せた。

政府債務（借金）危機の解決のため、欧州連合（EU）が財政政統合に大きく踏み出した。だが、各国が主権を譲り渡す「荒療治」が市民の反発を招き、加盟国間の結束を弱めて欧州がばらばらになる恐れもある。…／各国が予算案を自国議会にかける前にEUに出して相互監視に委ねるという仕組みは、各国の主権の一部を譲り渡すのに等しい。…／11月中旬、財政再建中のアイルランドの予算案がドイツ議会関係者を通じて外部に漏れた。頭越しにされたアイルランドの国民の間に怒りが広がり、「われわれの新しい支配者はドイツだ」という見出しが同国の新聞に躍る騒ぎになった。

アイルランドの対独感情は、過去の反英闘争の影響もあり、決して険悪なものではないと聞く。そのアイルランドでも「ヨーロッパのドイツ化」に対する強い警戒心があることをこの記事は意味している。有田（［2011］211―2頁）は、ユーロ問題の現実的解決は、ユーロから、地中海諸国ではなく、ドイツが脱退することだという、一見驚くような提言が登場していることを紹介しているが、これもまたドイツへの警戒心の裏返しといえる。

ユーロ圏諸国は財政統合なき金融統合という史上ほとんど例を見ない状況下にある。注 そして、そこに金融のグローバル性と財政のローカル性という二つの異質なものが衝突する時の問題が（その多くは、最後は庶民が負うということと併せて）顕著に現れている。

注　全く例がないというわけではない。日本経済史については高校生程度の知識しかないが、徳川幕府の「幕藩体制」の時代も、クルーグマンの言うような「労働力の移動の自由が、…極めて制約されていて、財政も各［藩］が独立している状態で通貨だけが統合されている」状態ではなかったか。そして、各藩の財政が窮乏状態に陥ったとき、とられる手段は「財政の引き締め」と新田開発を含む新たな産業の振興しかなかった。農民や下級武士がその負担に耐えた。「幕藩体制」の経験は現代ヨーロッパに貴重な前例を示すことになる。

7　何のための銀行救済・財政再建か

金融機関は、その破綻により金融システム全体が動揺した場合、資本主義システムに大きな打撃を与え、結果的に大量失業が発生する恐れがある。それが金融機関が公的資金で救済される理由である。また、ミンスキーによれば、金融財政政策の目的は完全雇用の実現にあるとされる。ところが、今や金融財政政策は大量失業の発生の回避というよりは、苦境に陥った銀行を救済することそれ自体を目的とするものとなっている。税金でもって銀行が救われても（金融機関で働く者は別として）、失業が減ったという事実はほとんど見られない。金融機関が資本主義の中枢システムであることと大量失業の発生を防ぐということの間には結び付きを見出すのが困難なほどのギャップがある。「庶民の生活が破壊されかねない」ことを理由に銀行が救済されるのであれば、様々な理由で「生活が破壊された」個々人も救済されてしかるべきである。少なくとも大量失業を防止する方策が同時に講じられるべきであろう。しかし、そういうことにはなっていない。救済されるのは銀行だけである。一方、財政再建も現実には社会福祉の切り捨てあるいはその水準の切り下げという形で実施されている。すくなくとも財政再建が大量失業の防止を目的としたものでないことはたしかだ。

一体、何のための銀行救済、何のための財政再建なのであろうか。

(1) 借金はなぜ返さなければならないのか

財政危機とは公的債務(借金)が増大し、その返済が困難な状況になっていることをいう。財政再建とはこの借金を返すことに他ならない。それが必要とされる理由を考えてみよう。

結論から先にいえば、財政再建は庶民のためのものではないということである。2011年11月5日の毎日新聞は、EUが資金援助の代償として突き付けた財政再建計画を受け入れるかどうか(つまりEUから資金援助を受ける代わりに、苛酷なまでの緊縮財政を行い、ユーロ圏に留まるか、あるいはこの計画を拒否してユーロ圏を離脱するか)を巡って国民投票をしようという当時のギリシャの首相(パパンドレウ)の提言に対して、あるギリシャ国民が「(首相は)頭がおかしくなったとしか思えない。国民投票をするなら、第1次支援が決まる昨年(2010年:引用者)5月の前にすべきだった。その後の緊縮策と不況で疲弊している我々に、右か左か頭のどっち側に弾を態ち込んでほしいのかと問うようなものだ」と批判していることを紹介している。頭の右側を撃たれようが、左側で弾を受けようが、ギリシャ国民が生き延びる可能性はまずない。しかし、ギリシャの国債を大量に抱えている銀行はギリシャ国民が頭のどちら側を銃撃されて死ぬのかによって大きな影響を受ける。つまりギリシャ国民が財政再建計画を受け入れずにギリシャ国債が償還不能になれば、銀行の信用不安が拡大する危険性が高くなってしまうのである。そんなことが出来るわけがなく、結局混乱のうちにパパンドレウの提案は撤回された（ついでに彼も政権から去った）。かくしてギリシャ国民は国民投票で右の頭か、左なのかを選ぶこともなしに、財政再建計画を受け入れることになったが、ギリシャの国債を買っていた銀行は生き延びた。

しかし自分の頭を打たずに銀行の頭を打つ工夫は出来なかったのであろうか。過去にそういう事例がなかったわけではない。

　１８３７年、（アメリカの：引用者）九つの州（アーカンサス、イリノイ、インディアナ、ルイジアナ、メリーランド、ミシガン、ミシシッピー、ペンシルヴァニア、フロリダ）が破産する。債務の債権者の大半は、これらの州の富裕層と海外投資家であったため、各州の州民は、債務利払いのための増税を拒否したためである。（アタリ［２０１１］１０９頁）

ギリシャの場合も、その債権者の大半は「富裕層と海外投資家」（主として銀行）であったと思われる。そうであれば、ギリシャ国民には財政再建計画を拒否し、国債を返済不能とし、国債を保有している「富裕層と海外投資家」に損失を与えるという選択がありえたはずである。それができなかったのは、１８３７年のアメリカの九つの州と異なり、２０１１年のギリシャには、背後に国際金融資本を控えたドイツとフランスの大きな圧力があったからであろう。

これで間違いなくギリシャの失業は拡大する。ギリシャ政府は失業阻止のための銀行救済ではなく、銀行救済のための失業拡大を選んだ（選ばざるを得なかった）のである。ここからわかることは、財政政策が完全雇用の実現のためのものではなく、金融システムの保護のためのものであるということである。

ドーアは、「新自由主義思想が支配する民主国家では、人間の諸『権利』の中の優越順位が変わってきた。…他の社会関係より生ずる諸権利よりも『所有権』がますます優勢になっている」とするが（ドーア［2011］212頁）、民主国家であろうがなかろうが、国家の第一の目標は所有の保護であった。経済成長が続く間は、それはオブラートに包まれてきたが、成長が終わったあとは、所有の保護のためには他の権利のことを配慮する余裕がなくなってきただけのことではないのか。金融システムの保護も所有の保護の一環である。所有の保護にあっては、借金がいかなる理由から生じたものであれ、それは返さなければならないのである。

実際には、財政再建が必要なとしては様々なことがもっともらしい理由として挙げられる。そのひとつが、経済成長のため財政規律というものである。ドイツはこの理由から財政再建にこだわるとされる。

［ユーロ圏の］多くの国が財政再建路線を踏襲すれば、マーケットの懸念が和らいで各国

の国債利回りが低下し、いずれは経済成長を促す方向に作用するからである。しかも、欧州の財政問題への懸念が和らげば、ユーロ相場の安定にも寄与すると見込まれる。／…ドイツの財政再建への姿勢は一貫して底堅く、それがゆえに世界的な非難も浴びるようになった。2010年5月下旬に米国のガイトナー財務長官がベルリンを訪問し、財政再建よりも経済成長を促進するよう要請した際にも、ヴォルフガング・ショイブレ財務相は「ドイツは財政赤字の削減を優先する」と強く主張し、米国の要請を跳ねのけたという。（白井［2010］18頁）

ドイツには1920年代に猛烈なインフレに見舞われたという経験があり、これがトラウマになっていて、他の諸国とは比較にならないほど、財政赤字からくるインフレの発生には神経質になっているのではないかと思われるが、ドイツにいわせれば、財政規律にこだわるのは、それが経済成長につながるからだという。しかし、実際にはドイツの経済成長はユーロ圏の他の諸国から批判されるほどの賃金抑制によるものであり[注]、このもっともらしい理由は額面通りには受け取れない。

注　フランスによるドイツ批判として次のようなものがある。

（ECBに利下げを求めたフランスを、ドイツは「ECBの独立性を揺るがす政治介入になる」と批判したが）フランスにも言い分はある。ドイツがユーロ高でも国際価格競争力が改善しているのは、労働生産性の伸び率が他国に比べて突出して高いというよりも、賃金の伸びを抑えてきたことが大きい。本来、労働生産性を大きく伸ばすことで国際価格競争力を改善するのが理想である。賃金を抑制してまで国際価格競争力を改善するのは、消費者や労働者に犠牲を強いることになり、消費を抑えるマイナスの影響もあるのである。

最近ではフランス政府をはじめ、ドイツの消費の少なさを責め立てる声が国際的に高まっている。「ドイツの輸出はユーロ圏の他の地域が支えている」という声も噴出している。

フランスのラガルド経済・財政・雇用相が「ドイツの賃金抑制が、南欧諸国が失った国際価格競争力を回復しようとする努力を妨げている。南欧諸国がデフレ政策をとるのを余儀なくさせており、最終的にはどの国も景気回復できなくなる」と発言したのは有名である。（白井［２０１０］３０１頁）

ただし、２０１１年のギリシャの債務危機の深刻化以降、フランスによるドイツ批判はすっかり影をひそめた。ドイツの首相メルケルとフランスの大統領サルコジの名をもじって、「メルコジ体制」と揶揄されるまで両国の関係は緊密になっている。もっと正確にいえば、フランスはすっかりドイツに擦り寄ってしまっている。

財政再建という名の借金の返済は、やはり所有の保護ということを根拠しているといわざるを得ない。そして金融機関の救済は、すでに見てきたように、国民を犠牲にしてなされている。したがって、それは決して大量失業の回避を目的にしたものなどではなく、やはり金融機関の救済を介した所有の保護にその理由がある。財政の主体たる国家の第一の課題が所有の保護である以上、それは当然のことでもあろう。国家は所有の保護を犠牲にしてまで、社会福祉をはじめとする国民の他の諸「権利」を保護することはない。

(2) 資本主義の精神

正気を失った資本主義、あるいは資本主義の狂気

1995年の日本国政府の解釈では、公的資金による個人資産の保障は憲法違反で、公的資金による金融機関の救済はそうではなかったとされたことは、既に述べた。当時の日本国政府は、公的資金（税金）を使って個人を救済することは拒否しても、金融機関の救済のために公的資金を用いることは止むを得ないとした。

ロックは「政府が生まれるのは、財産のためである」といったが、ロックのいうように財産を守ることが政府の目的であるとしても、財産一般が政府によって、少なくも平等に、守られるべきものだとはいえそうもない。政府は「守る必要がある」と政府が判断する財産だけを守るのであって、庶民の僅少な財産などはそのうちに入らないということである。

これに対して、「それはおかしい」とするのは素朴な疑問であるし、そこに国家や財政のあり方に対する再検討の鍵があるともいえる。冒頭に紹介した「われわれが苦しんでいるのに、債権保有者は苦しまない。そんな資本主義は正気を失っている」というアイルランド市民の素朴な疑問もまた同じように、大きな鍵を提供する。ただし、この素朴な疑問を大事にするとしても、単純にそれに同意するわけにはいかない。

まず「そんな資本主義は正気を失っている」とする批判に関して言えば、「正気を失っていない資本主義」とはどんなものかということを問う必要がある。資本主義が庶民の負担を回避して債権保有者を苦しませるとしたら、はたしてそれが「正気を失っていない資本主義」といえるのであろうか。庶民を苦しませているアイルランド政府の立場からすれば（そして多くの経済学者や財政学者からも）、次のような言い訳が返ってこよう。

債権保有者を苦しめるような措置を取ったら、金融システム全体の動揺につながる。だから、苦しみは債権保有者という「持てる者」ではなく、納税者や年金受給者という「持たざる者」に押しつけざるをえない。

「そんな資本主義は正気を失っている」というのは「持たざる者」に限定された判断であって、資本家から見れば、また金融システムの安定という課題を担う政府からしても、「持たざる者」がまず苦しむのは当然のことになる。

またこういう事態をとらえて「危機」とすることもできない。「危機」とは、「債権保有者を苦しめないかぎり金融システムの安定を維持できなくなる危機」のことであろう。実際、最初に引用したWall Street Journalも、「返済のための厳しい歳出削減や増税といった国民の負担を減らすため、アイルランドが国債、あるいは少なくとも国有化された銀行の債務をデフォルトにするよう求める声は多い」としている。それが必要ということになれば、本当の危機である。しかしそれは慎重に避けられている。それを避けるために「持たざる者」が苦しまなくてはならないのである。庶民の普通の感覚からは遠く離れた議論であるが、資本主義における金融システムの特殊性を考えればこれは当然のことである。狂っていようが、何であろうが、それが資本主義の精神である。

庶民は狂っていないのか

アイルランドの事件を通じて考えなければならない問題がもう一つある。庶民の側も「資本主義は正気を失っている」と責めてばかりもいられないのではないかという疑問である。先進工業国と呼ばれる多くの諸国において、「日当が突然二倍になったら、そのつぎの日は働きに来ない、今日の分は昨日もらっているのだから働かなくていいと言って、昼寝を選ぶ」というような労働者はもうほとんどいなくなっている（川北［2010］88頁）。川北によれば、労働供給曲線が賃金に対して一方的に「右肩上がり」になるのではなく、賃金がある点を超えると、逆に減少に転じることを「労働供給反転曲線」というのだそうだが、この曲線がすっかりなくなってしまっている。庶民の多くが、昼寝より残業代を選ぶという形で、不必要なまでに働くようになってしまっている。

それも資本主義の一つの特質といえるかもしれない。金融機関を救うために庶民の負担を増すというのが「狂気」だとすれば、不必要なほど労働をするというものやはり「狂気」ではないのか。[注]もちろんこの「狂気」の程度は、庶民よりは金持ちのほうが圧倒的にひどい。彼らは生涯かかっても使いきれないほどの資産を作り上げながら、なお蓄財にいそしむ。「狂気の沙汰」というしかない。しかしそれは程度問題であって、金持ちと違って庶民は金銭に対する執着心という一種の「狂気」から免れている、とは言い難い。むしろ、この「狂気」に基づく蓄財意欲こそが資本蓄積の大きな動機であることを考えれば、資本主義はもともと狂っているものだと考えたほうがいいのかもしれない。

注　岸田秀は経済学者というよりは文筆家であろうが、彼には次のような名言がある。

「ウェーバーは言っていないと思うが、資本主義の精神とは、生きるための必要でないのに、働いていないと気が済まないという一種の病気なのである」。(岸田秀『性的唯幻論序説』文春新書、1999年、174頁)

岸田は「ウェーバーは言っていないと思うが」とするが、ウェーバー『プロテスタンティズムの倫理と資本主義の精神』[1930]の邦訳(岩波文庫、1989)の79—80頁に以下のような文章がある。

休みなく奔走することの「意味」を彼ら(「資本主義の精神」に満たされた人々に：引用者)…問うとき、…自分にとっては普段の労働を伴う事業が「生活に不可欠なもの」となってしまっているからだ、と端的に答えるであろう。これこそ彼らの動機を説明する唯一の的確な解答であるとともに、事業のために人間が存在し、その逆ではない、というその生活態度が、個人の幸福の立場からみるとまったく非合理的だということを明白に物語っている。

趣旨は岸田の主張とよく似ている。岸田のいう「病気」、ウェーバーのいう「生活態度」は「労働供給反転曲線」の消滅にほかならない。

なお、ウェーバーの「資本主義の精神」についてはアリギが次のような紹介をしている。

ウェーバー（Weber 1930：53）は、資本主義の精神は「いっそう多くのお金を稼ぐことであり、…それ自体あまりに純粋な目的となり、一個人の幸福、または一個人への効用という観点から見ると、まったく非現実で、完全に非合理的であるとみえる」［と主張した］。（アリギ［2009］359頁）

食って生きていくだけの「生産」を超えて、意味のない欲望を満たすための「生産」を行うことに「資本主義の狂った精神」がある。銀行屋やそこに巨額の資産を保有している資本家が生涯かかっても使いきれない金をもっと増やそうとしているのを見れば、そのことは容易に納得できよう。そして、労働者もまた生きていくための必要なもの以上の収入を求める。生きるのに十分な賃金を得た後で「昼寝をとるか、残業をするか」という選択の前で、多くの労働者は、「残業」を選んでしまう。本来は馬鹿げたことであるこうした状況が当たり前の光景になるのが資本主義なのであって、それを前提にして「税金で銀行を救うのは狂っている」というのは虚しい。

蓄財精神

川北は、「反転労働供給曲線」の消滅が17世紀に生じたとし、その理由を次のように指摘する。

17世紀ころには消費するものがたくさん出てきます。そしてよいものを身につけていると、上流に見られるという転換がありました。こうした変化は、上流階級のまねをすれば処罰されるというぜいたく禁止法の世界、つまり身分制度の社会では起こりえません。こうしたことが背景にあって、労働供給のパターンが変わっていくのではないかと思います。（川北［2010］92頁）

川北のいう、「消費資料がふんだんに登場すること」、「身分制社会が廃絶されること」はたしかに「反転労働供給曲線」の消滅の必要条件ではあろうが、はたして十分条件であろうか。近代世界システムが、どこでもそのような変化を生んだとはいえないのではないか。スペイン南部アンダルシア地方には、昼食の後に昼寝をするというシエスタの習慣が今なお残る。この事例は、「なんとか食っていければ十分で、賃金が高くなれば残業よりは昼寝のほうを選ぶ」という人間が多数を占める社会は、近代世界システムの中でも完全には消滅しないということを示している。したがって、ある社会で「反転労働供給曲線」が消滅するとしたら、「消費資料がふんだんに登場すること」、「身分制社会が廃絶されること」以外に何か理由を求める必要があるように思われる。

それは「蓄財的精神」ではないか。つまり一日の食い分以上のものを稼ぎ、それを貯蓄に回すという精神である（個々の蓄財がいかに零細であっても、集合すれば巨大なものになるのは日本の郵便貯金が教えてくれる）。この精神はだが、「消費資料がふんだんに登場し、身分制社会が廃絶されること」だけで生まれるわけではない。「蓄財的精神」は、欲望を抑制するという意味で、人間の自然の感情に反する精神である。それが生まれるためには、「蓄財的精神」を強烈に誘発するものが必要になる。「すべては神の思し召し」というカソリックの精神的風土が色濃く残るアンダルシアにはそのようなものはついに定着しなかったのであろうか。

アンダルシアは貧しいし、食うに困って北部やマドリッド周辺の工業地帯に出稼ぎにでかける労働者も多いという。しかし労働者としてのアンダルシア人の評価はスペインの中でも芳しくない。中丸明『スペインを知る事典』（JICC出版局、1992）によれば、アンダルシア出身の労働者はろくに働きもしないで、ワインを飲んではフラメンコを踊っていると批判されるという。一方、アンダルシア人に言わせれば、ワインを飲んでフラメンコを踊るのは人生の楽しみであり、それもしないで仕事ばかりしている北部の人間は、生き方を知らないということになる。人は何のために生きるのかと考えると、「ろくに働きもしないで、ワインを飲んではフラメンコを踊っている」という批判、あるいは評価には強い疑問がわいてくる。

藤原が紹介している、ある「中年のギリシャ人女性」の話は、ギリシャにも同じように蓄財精神とは無縁の「文化」が残っていることを示している。

国の状態にいちいち縛られないという日々の感覚が英国なんかとは違う。アテネはまだいいけど、地方や島に行ったらもっと気が抜けている。いざとなれば島の中で助け合って、何とか食べていこうという気があるから、じたばたしない。生活のレベルは落としても、スタイルは変えないと思う。／　ギリシャ人も平日は頑張って働くけど、週末はみな海や山で過ごしたい。そこでぜいたくをするわけじゃない。ただ自然の中で短い時間でもいいからゆったりと過ごす。それがギリシャ人の本来の姿。どんなに貧しくなってもその暮らし方は変わらないと思う。（藤原［２０１０］１１８頁）

地中海諸国の国民は「怠け者」と批判ばかりされているが、実はその生き方にこそ、資本主義の狂った精神を克服する鍵があるのではないか。注

注　ほんの少し前まで、日本にもこの精神が（少なくともその残り滓が）あったような気がする。
私は越後の農村で生まれ育ったが、やはり暑い季節には両親はよく昼寝をしていた。田植えが終わってから稲の刈り入れが始まるまでは、昼食の後、相当の時間のんびりと休んでいた記憶がある。固い表現でいえば、彼らは「独立自営農民」であったから、何時から働こうが、何時に仕事を止めようが、すべて自己責任である。その上、当時はまたコメは全量政府買い上げだったから、商売の相手は政府（実際はその末端機関としての農協）だけで、これがまた時間にはまったく拘らないときている。早生であろうが、晩生であろうが、出来た時に農協の倉庫に持っていけばいい。そうすれば（価格は奇妙な方式であらかじめ決まっていたが）売れないという心配もなければ、売れ残る不安もない。こんなことが日本の農業をだめにしたといえないこともないが、自然の流れのなかで、時間に追われることなく生きるほうが、人間の生き方としてははるかに素直ではないだろうか。

しかしまた長い昼寝は「時間単位で労働力を売買する」という資本主義の精神からすれば、論外の習慣とも言える。それが享受できるのは、一般的には労働力を時間単位で切り売りしない人間だけだということになる。労働力を時間単位で切り売りしない人間だけが長い昼寝を楽しむことができるとしたら、スペインのシェスタはその例外だと言える。雇用されている労働者もこの習慣を享受できたという意味においてである。長いシェスタは生産性を間違いなく阻害する。それにもかかわらずその習慣が残ったのは、生産性の低さを嘆くよりも、人間として生きる際の快適さを優先するという考えが強かったからであろう。そして、あえて言えば、こっちのほうがはるかに「健全な精神」ではないだろうか。

（3）働くとはどういうことか

地中海諸国の国民の蓄財精神とは無縁の生き方に「資本主義の狂気」を克服する鍵があるのではないかとしたが、今回の財政・金融危機にあっては、地中海諸国の評価は地に落ちている。そこにアイルランドも加わる。

ポルトガルとスペインはギリシャと同様に労働組合の組織力が強く、賃金の伸び率が高いため、財政赤字と貿易赤字の一因となってきた。アイルランド［も］…賃金の伸びが大きく国際価格競争力を失っていた点は共通している。（白井［2010］12頁）

高賃金で国際競争力を失ったことが、これら諸国の危機の原因だというのである。7（1）の注で紹介したことだが、フランスはドイツを「賃金を抑制してまで国際価格競争力を改善する」と批判した。ところが、地中海諸国は賃金を上げたばかりに国際競争力を失った。そうすると「賃金を抑制してまで国際価格競争力を改善する」ことをドイツは是とし、南欧諸国は非としたことになる。逆にいえば、川北がいう「成長パラノイア」（経済成長こそが目的であるとする見方）の心性にドイツは取りつかれ、南欧諸国はそうではなかったということになる。すると、「資本主義の狂気」に取りつかれたドイツは危機を回避し、それに取りつかれなかった地中海諸国は危機に陥ったということになる。「こんな資本主義は狂っている」と怒ったダブリンの市民には、「アイルランド国民がもっと狂っていたら、アイルランドは危機に陥ることはなかったかもしれない」と言ってやらなければならない。

地中海諸国の国民が批判される理由に「働かない」ということがある。「働かない」のはヨーロッパ人全体に言えるのではないかと思うが、日本人やアメリカ人に比べ相対的に働かないのは、事実である。白井（［2010］248―9頁）が簡潔にそれを紹介している。

1　55―64歳の人口に占める被雇用労働者数の割合（％）

イタリア	45
フランス	40・5

ポルトガル・ギリシャ・スペイン	60前後
米国	67
日本	82

2　15―64歳の女性人口に占める被雇用労働者数の割合（%）

イタリア・ギリシャ	47
米国	66
日本	60

白井は、ヨーロッパ人が働かない理由として、第一に「ヨーロッパ人が豊かになったため、働いて収入を増やすよりもレジャーや家族との生活により多くに時間をあてるようになった」、とする見解を挙げる。

そして二番目に、次のような「労働費用のうち労働者が受け取れない部分の割合[注]」を示して、「労働収入への重税に加えて、労働組合の働きかけによって労働時間・休暇日数・超過勤務・退職年齢など多くの規制が労働者にとって優しい内容へと強化されたことが原因だとする見方」を紹介する（白井［２０１０］２５０頁）。

ドイツ　５１％
フランス　４９％
イタリア　４７％
ポルトガル　３８％前後
スペイン　３８％前後
日本と米国　２９％

…（日米に比べてヨーロッパでは）労働者を雇用することによる保険料などの負担が重いことがわかる。同時に、労働者にとっても手取りが少なく労働することへの見返りが少ないことがわかる。欧州では所得税と社会保障拠出料が労働費用に占める割合は１９７０年代から上昇している。

注　「労働費用のうち労働者が受け取れない部分の割合」とは、労働費用（労働者の給与＋年金、保険等の企業の負担）から労働者の手取り分（所得税、年金、保険掛け金等を控除した可処分収入）を控除した分の労働費用に対する割合である。

その上で白井は、「もともとヨーロッパ人が米国人並みに働いていた事実を考えれば、ヨーロッパ人が相対的に働かない理由の主因は税制、年金制度、労働規制にあることは明らかであろう」とまとめる（同上、251頁）。白井の口調は「働かないヨーロッパ人」に対して批判的な感がある。たしかに、高賃金でかつ生産性が低ければ（南欧はまちがいなくそうである）、財政は窮迫し、国際競争力は失われる。そしてそれは経常収支の赤字を招来する。つまり財政赤字も経常赤字も根は一つであるということである。しかし、これが組合の力が強い結果であるとすれば、そして労働組合が組合員の利益を守った結果だとすれば、この二つの赤字は本当に批判されるべきものなのかという疑問が出てくる。

川北が、17世紀のイギリスで消滅したとする労働供給反転曲線が豊かさの下で（あるいは労働組合の努力の結果）復活したのではないか。もし、そうだとすれば、これは4世紀ぶりの世界史的大転換である。白井の見解は「働かない理由の主因は税制、年金制度、労働規制にある」とするものだが、こうした規制そのものが、労働供給反転曲線の復活を促すものであるといえないこともない。

単純に「働かない理由の主因は税制、年金制度、労働規制にある」とするのではなく、どうしてそういう規制が1970年以降に強まったかを考え、そのことの意味について検討すべきであろう。ヨーロッパ人（とりわけ地中海沿岸諸国）が働かないのは、働くために生きるのではなく、生きるために働くという人間の本来の姿を取り戻す方向転換と言える。そして、労働供給反転曲線が復活し、人々が残業よりも昼寝を選ぶようになれば、「資本主義の狂気」は克服されるかもしれないし、場合によれば資本主義の時代そのものが終わるかもしれない。しかし、だからこそ「資本主義の狂気」はそれを許すことはない。それが、40年という時間の経過を経て、いま庶民に負担を強制する形で、銀行救済・財政再建が進められている意味ではないだろうか。[注] そう考えれば、庶民にとっても金融論・財政論を学ぶことは全く無味乾燥なものではなくなるであろう。

注　本書では全く触れなかったが、地中海諸国の一つであるイタリアも財政危機にさらされている。その中にあって、地中海沿岸を領土に持つフランスの状況は微妙であるが、フランスに対しては次のような冷めた見方がある。

過去にハイパーインフレを経験したことがないフランスは、高インフレに対して抵抗感がない。インフレより経済成長を重視し、そのための利下げも辞さない構えである。基本的には南欧体質を持ち、財政規律が弱い。労働組合の組織力が強く、労働者を保護する傾向にあり、賃金の抑制や年金改革の実行が難しいという問題を抱えている。／…（1990年代に共通通貨の導入が計画されたとき、フランスが南欧諸国も参加させようとした理由として）2010年3月27日付けの英誌エコノミストは「フランスにとって、イタリアやスペインを巻き込まないと、1992～93年の欧州通貨危機のときのように、問題が起これば自国通貨を切り下げてフランスの輸出競争力が失なわれる事態の再発を恐れたからだ。一方、フランスが参加国拡大を要請する裏には、フランスのように財政規律が甘い国を多く入れておきたいという本音があるとドイツは見ている」と書いた。（白井［2010］293―4頁）

この「財政規律が弱い（あるいは甘い）」、「労働組合の組織力が強く、労働者を保護する傾向にあり、賃金の抑制や年金改革の実行が難しい」という特質は、庶民にとっては評価されこそすれ、批判されるべきものでない。しかしそれが、「危機を招いた」と批判されている。これは今回の危機が誰にとっての危機であるかを示している。

用語集

金融・財政を学ぼうとする際に、それをつまらなくする理由の一つに「専門用語が多すぎる」ことを挙げた。それで本文中ではできるだけ専門用語の使用を避け、それでも使わらざるを得なかった用語や知っておいた方がいいと思われる用語はここでまとめてみることにした。

用語の説明も難しくならないように心がけたが、理解できなくともいっこうに構わない。本文中でも述べたことだが、こんな専門用語は「知っておかねばならないもの」では決してないのだから。それよりも専門用語の固い壁に嫌気がさして壁の中を覗く意欲を失くしてしまうことを警戒したほうがいい。

なお、用語の下の［　］内の数字は当該用語が使われている本文の初出の頁を示している。

CDO（Collateralized Debt Obligation：債務担保証券）［76］

1980年代以降、新しい金融商品が次々と開発されていった。しかし全部それを追いかけるのは、疲れるし、意味もない。ここではCDOとCDSを見ておくことにする。

新しい金融商品は、このCDOのように、ローマ字のイニシャルだけで語られるという傾向がある。CDOには「債務担保証券」という訳語があるのだから、それを使えばよさそうなものだが、この訳語が使われることはめったにない。いちいち「債務担保証券」と呼んでいるだけの時間的余裕がないのであろうか。それとも「債務担保証券」では実態が明らかになりすぎて、具合がよくないのであろうか。

「債務担保証券」とは、住宅ローン担保証券などの貸付債権や公社債などから構成される金銭債権を担保として発行される証券化商品のことである。アメリカではサブプライムローンなどいくつかのリスクの異なる住宅ローン担保証券を分割・統合してCDOが組まれ、実際にはリスクの高い証券が多く含まれるにもかかわらず、格付け会社から最高位の格付け（AAA）を貰うケースが相次いだ。これがサブプライムローンの破綻（返済困難化）とともに、その価格が暴落し、金融危機につながった。債権の証券化は昔の教科書では危険の分散化のためのものであったが、CDOは実際には危険の拡大・深化の原因になってしまった。

CDS（Credit Default Swap）［70］

これもまたイニシャルで語られる用語である。しかし、これには適当な訳語さえない。敢えて言えば、「債務不履行補償証券」であろうか。資金を貸し付けていた企業あるいは国が債務不履行になったとき、つまりデフォルトしてしまったときに、投資家に対してその損失を補償するという取引のことである。投資家はこれを購入することで投資リスクを回避することができる。もちろん損害を補償してくれる相手方（CDSの発行者）に一定額の金銭を支払う必要がある。その意味では一種の損害補償契約のようなものである。

ただ、損害補償契約と決定的違うのは、損害補償の対象たる投資を行っていることがこの取引の条件となるわけではないということである。ある企業あるいは国が倒産しそうだと思ったら、その企業に投資を行っていない人間でも、あるいはその国の国債を買っていない人間でも、一定の金銭を支払えばCDS取引をすることができる。そしてその企業あるいは国が債務不履行になれば、損害があったと見なされ補償が受けられる。ここまでくれば、この取引はもう博打とほとんどかわるところはない。博打の対象は特定の企業あるいは国の債務不履行があるか、ないかというである。
　博打と変わることのないこの取引はれっきとした「金融商品」であるが、それは同時に、資金を移転せずにリスクだけを移転するという近年における銀行の質的変化を象徴するような商品であるともいえる。この取引は２００８年に始まる金融危機を増幅させた最大の戦犯だとされるが、こんなことを理由に深刻化した金融危機のあおりを庶民が食らうとはどうかしているとしかいいようがないし、それ以上に、こんな博打に耽って危機に陥った金融機関を税金で救うというのでは、「狂っている」といいたくなるのも理解できる（アメリカ政府が救済したアメリカ最大の保険会社ＡＩＧ：American International Group は、このＣＤＳを大量に発行していていたので、ＡＩＧが破綻した場合は、ＣＤＳを購入していた投資家にも甚大な影響が及ぶことが懸念され、それがＡＩＧ救済の理由となったとされる）。

ＧＤＰデフレーターとインフレ率［２０］
日ごろ何げなく使っている用語であるが、念のために確認しておけば、次のように定義されている。
ＧＤＰデフレーター：名目ＧＤＰ（当該年の物価に産出量を乗じたもの）を実質ＧＤＰ（基準年の物価に産出量を乗じたもの）で除した比率のこと
　インフレ率：当期のＧＤＰデフレーターと前期のＧＤＰデフレーターの差を前期のＧＤＰデフレーターで除した比率のこと

アウトカム（Outocome）［99］

インプット（Input）、アウトプット（Output）に対応するものとしての言葉。財政政策の評価にあたって近年用いられ始めた。インプットには「投入」、アウトプットには「産出」という訳語があるように、アウトカムには「成果」という訳語があるはずなのだが、アウトカムを「成果」と日本語に置き換えて使う例はあまり見られない。アウトカムという言葉は知ったかぶりの俗物根性のシンボルのようなものではないか。

赤字国債と建設国債［116］

財政法第４条に以下のような規定がある。

第４条　国の歳出は、公債又は借入金以外の歳入を以て、その財源としなければならない。但し、公共事業費、出資金及び貸付金の財源については、国会の議決を経た金額の範囲内で、公債を発行し又は借入金をなすことができる。（第２項以下、略）

出資金、借入金はいずれ戻入される（はず）のものだから、公債または借入金でもかまわないということであろう。公共事業のための公債（これが建設国債である）の発行が認められている理由は、「公共事業で作られる施設は後世に残るものである」からと説明されるのが一般的であるが、これは理解しがたい。「後世」が何年先を意味するかはよくわからないし、一世代も経ずに消滅もしくは更新される建設物も少なくない。公共事業に借金が認められるのは、その効果が相当の長期間にわたって継続することから、これを単年度の税収だけで負担するのは適当でないと考えるほうが筋が通る。建設国債の償還期間が原則として、公共施設の平均耐用年数の６０年とされているのもそのことを示すものといえる。

財政法第4条の規定で公共事業以外の目的での公債（国債）の発行は禁じられている。そこで、国家は毎年特別の法律を作っては、公共事業以外の目的に使うための国債を発行している。目的は歳出に対する税収の不足分（つまり赤字分）を補うためにである。これを建設国債と区別して赤字国債（あるいは特例国債）と呼んでいる。

インターバンクのオーバーナイト金利

「当日借り入れ翌日返済」を条件とする銀行間資金貸借金利のこと。

庶民にとっては、知っておく必要のない用語の典型のひとつ。

類似の、庶民にとっては同様に知っておく必要のない用語にＬＩＢＯＲというものがある。これは「London Inter-Bank Offered Rate」の略で、ロンドン銀行間取引金利と訳される。そしてさらに最近は、ＴＩＢＯＲ（Tokyo Inter-Bank Offered Rate：東京銀行間取引金利）という言葉までできた。

価値財［92］

市場メカニズムの下で供給可能なものであっても、社会の安定や福祉向上といった目的のために、政府自らが供給を行い、あるいは供給を制限または禁止する財のことをいう。

これだけでは何のことかわからない。前者としては義務教育やシートベルトが挙げられ、後者にはタバコや（禁酒法時代の）酒が挙げられることが多い。運転免許更新の際の運転教則本の配布や、猥褻図書の販売規制もそうかもしれない。こうして見ていくと、なんとなく「お節介」という気もしないでもないし、これが「天下りの温床」になっているのではないかという感じもする。

外部性［92］

経済学でいう外部性とは、ある人間（あるいは組織）の行動が、何らの対価なしに、他の人間（あるいは組織）に効果をもたらすか（この場合は正の外部性があることになる）、悪影響を与えるか（この場合は負の外部性があることになる）、することをいう。個人の庭の生垣が通行人に気持ちよさを与えれば、正の外部性があり、車の騒音や排気ガスが沿道の住民に不快感や健康被害を引き起こせば、負の外部性があることになる。

こうした単純な話が「外部性」という言葉になった瞬間に意味不明のものになる。経済学は陰鬱な科学になるわけである。

金利政策（金利誘導）—日本銀行のケース［48］

通常は日銀が行う政策金利の誘導のことをいう。白川（［2008］126頁以下）によれば、日銀が行う金利誘導操作は次の通りである。

金利政策（金利誘導）の対象は、インターバンクのオーバーナイト金利である。これが形成される市場（「コール市場」と呼ばれる。ここで形成される金利が「コールレート」である）には銀行以外の金融機関も参加しているが、日銀はこのオーバーナイト金利を誘導目標金利とする。これは政策金利（Policy interest rate）と呼ばれる。

オーバーナイト金利は、マネタリーベースではなく、中央銀行当座預金に対する需給バランスで決まる。中央銀行はオーバーナイト金利の変化を見ながら、その金利が目標金利（政策目標として設定された金利）となるように、民間銀行に対する当座預金の供給を調節する。

当座預金の供給は国債等の資産を民間銀行から購入し、その見返りに当座勘定を増加させる、いわゆる市場操作（オペ。あるいはオペレーション）でなされる。この操作の多くは、レポ取引（repurchase取引）という「売り戻し（買い戻し）条件つき」のもので行われるが、場合によっては、国債の買い切りという手段がとられることもある。

——ジャーゴンの連続のような説明である。いくつかの用語についてはこの用語集で説明しておいたが、それにしても理解は容易ではない。それほど特殊な世界であるともいえるし、こんなものは理解しなくとも構わないともいえる。

グラム・リーチ・ブライマリー法（1999年）［65］

アメリカ発の2008年以来の金融危機が外的環境の変化によってもたらされたもの（「外生的危機」）というよりは、詐欺的な金融商品の販売をも許容する自己意思による変化によるもの（ある意味での「内発的危機」）であることを忘れてはならない。内発的危機であることを象徴するのは1999年に成立したグラム・ビーチ・ブライリー法である（時のアメリカ大統領はクリントン、財務長官はこの年にルービンからサマーズに代わっている）。この法律は、ルービンの強い影響のもとで作られたと言われているが、大恐慌の反省から証券業と銀行との間に厳密な垣根を設けたグラス・スティーガル法（The Banking Act of 1933）の要を骨抜きにしたもので、アメリカの金融面における規制緩和を象徴するようなものである。

グラム・ビーチ・ブライリー法自体はアメリカの金融業務の実態を後追いしただけだとされることが多いが、グラス・スティーガル法の厳格な運用を放棄して金融業の「変質」を後追いした結果が今回の危機の一因となったことは否定できない。それなのに、オバマ大統領はその当時の経済政策の中枢にいた人物たちに今また経済政策を託そうとしている。このことからは、アメリカの金融政策の大きな路線転換は当面現実性がないことが伺える。

公共財［92］

スティグリッツと神野の説明では以下のようになっている。

純粋公共財は二つの重要な性質をもっている。一つは、追加的に公共財の便益を受けさせるためには全く費用がかからないという性質である。形式的にいうと、付加的な個人がその財を享受するための限界費用がゼロということである。…第二は、公共財を享受することから個人を排除することが一般には困難であるかまたは不可能である［ということである：引用者］。／市場は純粋公共財を供給しないかまたは十分な量を供給しない［例えば灯台の設置：引用者］。…これが多くの政府活動の理論的根拠となっている。（スティグリッツ［1989］43―44頁）

公共財とは…非排除性と非競合性という性格を備えた財と定義される。非排除性とは、特定の消費者を消費から排除することが、不可能な財の性格であり、非競合性とは、特定の消費者が消費しても、消費量が減少しないという財の性格をいう。（たとえば灯台のサービス…）（神野［2007］79頁）

なお、ある商品あるいはサービスが公共財であることは、それを無料で提供しなければならない理由になるわけではない。「公共財を享受することから個人を排除することが一般には困難であるかまたは不可能である」場合以外は（そういう場合も公共財といえるならば）、極めて僅かの例外（例えば義務教育や公共図書館）を除いて、利用者に何らかの負担が求められているのが実態である。受益者が容易に特定できるにもかかわらず、受益者に負担を求めないというのは、よほどの政治的理由があるか、そうでなければ何か胡散臭い企みがあると思った方がいい。

また、通常公共財とされているもののなかでも、本当は市場が供給できるものもある。道路は公共財の典型とされることが多いが、アダム・スミスは『国富論』〔第5編第1章第3節第1款（社会の商業の利便を増すための土木工事及び公共施設について）第その1（商業の利便を一般に増すために必要なそれ等について）〕で、一部の道路は有料道路として民間の事業者が提供すべきだとしている。

公定歩合〔47〕

日本銀行が、民間銀行に貸し出しを行うときの基準金利。ただし金融の自由化が進められた結果、市中金利は、市場（コール市場）の需給で決められるようになり、公定歩合は政策金利としての意義を失った。今はコールレートの上限を意味するだけである。このことから、日銀は2006年8月11日に、「公定歩合」という用語を「基準割引率および基準貸付利率」に変えた（「コール市場」と「コールレート」については用語集の「金利政策（金利誘導）」を参照のこと）。

日銀が名前を変えた後も「公定歩合」という言葉はしぶとく生き残っている。金利は日銀が決めるものだというイメージをこの言葉は簡潔に示しているからであろう。それにしても何故「基準割引率および基準貸付利率」という長ったらしい名前に変わったのであろうか。「基準歩合」あるいは「基準金利」

で十分だったはずである。それだったら、「公定歩合」は死語になっていたかもしれない。

市場原理主義［29］

滅多やたらと批判され、「彼は市場原理主義者だ」とレッテルを張るだけで批判が完成するかのような不思議な効果を持った言葉。しかしそれだけ批判されるにもかかわらず、「市場原理主義者」と確認できる人物が今はもうほとんどいないという不思議な現象を併せ持つ。通常、「市場への不要な政府の介入を排し、市場原理を極力活用した経済運営を行うことが国民に最大の公平と繁栄をもたらす」とすることが市場原理主義とされるが、こういう考えは、２００８年の金融危機以来、絶滅の危機に瀕している。それにもかかわらず、市場原理主義批判は依然として根強い。これもまた不思議な現象である。

市場原理主義が批判されることに対する「弁解」のようなものがある（池尾［２００４］４２―３頁）。

ジョン・マクミラン（『市場を創る―バザールからネット取引まで』ＮＴＴ出版、２００７年刊）の整理に従えば、［質の高い市場が成立するためには：引用者］

① 情報が円滑に流れること
② 財産権が保護されていること
③ 人びとが約束を守ると信頼して差し支えないこと
④ 第三者に対する副次的影響が抑えられていること
⑤ 競争が促進されていること

といった条件が満たされている必要がある。／…

日本においては、残念ながら、マクミランのいう五条件を満たした質の高い市場の成立を可能にするような市場インフラがまだまだ全般に十分に形成されているとは言い難いところがある。そのために、わが国における市場の質は総じていって低く、そのことが市場経済に対する人々の信頼を低下させるという悪循環に陥っている面がある。わが国でしばしばみられる市場（原理）主義批判は、こうした悪循環の象徴だともいえる。

池尾の主張には疑問がある。市場をどう評価するかは、結局は資本主義をどう評価するかということに行きつく。資本主義を「自己調節型、自己修正型システム」と見て、市場がこの調節・修正を行うものとして、市場に委ねれば最適な状態が生まれると考えるのか、それとも資本主義は本質的に不安定なシステムであって、市場に委ねていては、大きな危機に陥る危険性があると見るかの違いである。

私自身、かつて道路公団の民営化を主張して、「彼は市場原理主義者だ」と批判を受けたことがある。しかし、私は一度たりとも資本主義を「自己調節型、自己修正型システム」だと考えたことはない。道路公団は民営化すべきだとしたのは、高速道路の建設・管理を市場に任せれば成功すると考えたわけではない。市場に委ねても失敗から完全に免れるわけではないとしても、政府に任せるよりは「まだ、まし」と考えただけのことである。それでも私は市場原理主義者だとされた。市場原理主義（者）という言葉がいかに安易に使われるかがわかる。

租税の無償性

税金は負担と受益の直接的関係がほとんどなくなっていることは本文中で触れた。これは負担と受益のリンクの欠如といわれるものであるが、それを更に明瞭に語るのが「租税の無償性」である。税金を払っても、利益は一切要求できないというものである。これを租税の三つの条件の一つとする者もいる。

…租税には強制性と無償性、それに政府収入の調達という意味での収入性という三つの条件がある。／…／納税をしても、公共サービスへの請求権は生じない。…租税には無償性があるがゆえに、納税しても、反対給付の請求権はないのである。（神野［２００７］１５１頁）

ソブリン危機とソブリンリスク［２１］

政府および政府機関が発行する債券（つまり、国債及び国債と同等の債権）のことをソブリン債と呼ぶ。一般的には、その債権に対する信頼が揺らぐことをソブリン危機という。

２０１０年10月にギリシャの財政で粉飾決算が行われていたことが発覚して、ギリシャ国債に対する信認が大きく揺らぎ、欧州各国の国債に対する不安感が連鎖的に拡大していったことが、近年の最も大きなソブリン危機の一つである。

ソブリンリスクとは、国家や国家機関に対する融資におけるリスク。国債の購入もまた融資に当たる。したがって、ソブリン危機が生じることはソブリンリスクの拡大に他ならない。

なお、「債務危機」という言葉あるが、「国債危機」という言葉は見たことがない。ソブリン危機をどうして「国債危機」と言わないのかは、不明（英語には、sovereign debt crisis という用語がある）。

大数（タイスウ）の法則［38］

短期間での一連の事象においては、どんなに不思議と思われることが起こりえたとしても、充分に大きな回数行われる事象においては、理論上正確な予想値に収束していくという法則。コインを5回投げて、5回とも表が出る場合もあるが、無限に投げ続ければ、コインの表が出る確率は限りなく0・5に近づく。それと同様に、銀行も融資の対象者を可能な限り多くすれば、債権が回収できなくなる確率は理論値にまで低減するとされる。

ただし、銀行の融資の場合は、そもそも理論値がよくわからないし、融資の対象者にも融資額にも偏りが生じることが多い。融資の対象者がどんなに多くなったとしても、リスクから免れることはない。つまり本当は、大数の法則は銀行の融資には適用できない。

中央銀行当座預金［47］

準備預金適用機関（銀行等）が日銀に当座預金として預ける資金。金利は市場金利よりも低く、結果として機会費用が発生する。それでも銀行等には、以下の理由からこれが必要になる。

① 決済需要
② 準備預金制度による一定額の中央銀行当座預金の保有の強制（法定準備）
③ 預金残高が法定準備を下回った場合はペナルティー（過怠金）が課せられる

デフレ、デフレ・スパイラル、恐慌［142］

インフレ率（その定義は用語集の「GDPデフレーターとインフレ率」を参照のこと）がプラスにな

ればインフレであり、マイナスになればデフレである。

デフレは物価が下がることであるから、それ自体としては庶民にとっては何ら問題となるものではない。待っていれば物価はもっと下がるという期待感から「買い控え」が生じてしまうという指摘があるが、「買い控え」が出来るような商品やサービスであれば、それは広義の「奢侈品」であり、それを買わなければいいだけの話である。むしろ不要不急のものを買わないという行動が、生活のあり方を見直すチャンスを与えることになるともいえる。

問題は、こういう不要不急なもの、奢侈品といったものが社会的生産の大きな部分、少なくとも無視できない部分を占めていることにある。「買い控え」により、社会的生産が縮小すれば、賃金の下落・収入の縮小や投資の減退、さらには失業の拡大が生じ、それが更にデフレを引き起こす。いわゆるデフレ・スパイラルである。さらにこれが「債務デフレ」を惹き起し、恐慌につながりかねない。ルービニはその経緯を次のように説明している（ルービニ他［2010］195頁）。

債務デフレとは要するに、消費者や企業や銀行などにとって、当初予想していた以上に借り入れコストが上昇することである。大きな金融危機が発生すると、失業率が上昇し、パニックが広がり、資金の貸し出しが控えられるようになる。負債を抱える人々は、その返済や、場合によっては、好条件への借り換えに一層苦労するようになる。投資家は高リスク資産を嫌がり、現金や国債のような流動性の高い安全な資産を求める。人びとは現金をためこみ、貸し出しを拒む。その結果、流動性逼迫がさらに悪化する。信用の枯渇によって債務不履行が増え、デフレから債務デフレへ、さらには債務不履行へという各循環が加速する。／　こうして恐慌がはじまる。

単なるデフレがデフレ・スパイラルに転化する契機は金融政策が握っているという主張がある。デフレ・スパイラルと金融政策との関連について白川は次のように説明する（白川［2008］389—90）。

① デフレ・スパイラルに陥るかどうかの最大のカギを握っているのは、金融システムの状況である。金融システムが動揺するとデフレ・スパイラルが生じる恐れがあり、中央銀行はそうした事態を防ぐために「最後の貸し手」機能を含め、バンキング機能を使って金融システムの安定性を維持しなければならない。

② ゼロ金利制約が存在する下で発生するマイナスの需要ショックが一時的か永続的かによって、ゼロ金利制約が金融政策を制約する程度は異なってくる。一時的であれば均衡実質金利と市場実質金利との逆転は起こらず、デフレ・スパイラルは生じない。

ただし、これはあくまでも白川の主張である。ゼロ金利の下でさえ、債務デフレが発生することがある。これが金融システムの問題なのかどうかはついては、疑問がある。デフレ・スパイラルは、むしろ金融政策の限界あるいはその有効性にかかるシンボル的問題となる可能性があるともいえる。

ニンジャ（NINJA）ローン［70］

新しい金融商品の一つ。近年発行されるローンには、いかがわしいものが少なくない。NINJAローンは名前からして胡散臭い。これは借り手に「所得がなく、職がなく、資産もない」（No Income, No Job and Asset）の頭文字をとったものである。「所得がなく、職がなく、資産もない」のにローンを組めるというのは、一昔前なら忍者か手品師にしかできないことだったが、不動産バブルと金融商品の技術革新がこれを可能した。こうなると、技術革新はどういう意味を持つのか疑問になってくる。

プライマリーバランス

税収と一般歳出（公債関係費を除く経費）とが均衡すること。そうであれば、「税収と一般歳出の均衡」という訳語を当てればいいと思うのだが、そういう訳語はない。現時点の日本の国家予算は一般歳出が税収を大幅に上回る状態が続いているから、プライマリーバランスは実現されていないし、近々実現する可能性もほとんどない。この実現が必要だと主張するのが一般的であるが、その理由は、そうしない限り、いずれ増税やインフレといった乱暴な手段で公的な債務を解消しなければならないからである。なお、アタリ（［2011］175頁）は「過剰な公的債務に対する解決策は、これまでに八つ存在する。そして現在も、その八つが存在する。／増税、歳出削減、経済成長、低金利、インフレ、戦争、外資導入、デフォルトである。…これ以外には、解決手段はない」としたうえで、「これらの解決手段の中で、インフレは頻繁に利用される」とする（このことについては、本文 6（2）を参照のこと）。

マネーストック

かつてはマネーサプライとも呼ばれた。マネーサプライ（money supply）は通貨供給量と訳され、マネーストック（money stock）は通貨残高と訳される。表現は違うが、内容に差はない。要するに、金融機関と中央政府を除いた経済主体（一般法人、個人、地方公共団体等）が保有する通貨の合計である。肝心なのは、「金融機関と中央政府を除いた」ということにある。

日銀のホームページの解説（http://www.boj.or.jp/statistics/outline/exp/exms.htm/）では次のようになっている。

マネーストックとは、基本的に、通貨保有主体が保有する通貨量の残高（金融機関や中央政府が保有する預金などは対象外）です。通貨保有主体の範囲は、居住者のうち、一般法人、個人、地方公共団体・地方公営企業が含まれます。このうち一般法人は預金取扱機関、保険会社、政府関係金融機関、証券会社、短資等を除く法人です。

マネーストック統計の各指標（M1、M2、M3、広義流動性）の定義は、以下の通りです。

M1：対象金融機関（全預金取扱機関）：M2対象金融機関、ゆうちょ銀行、その他金融機関（全国信用協同組合連合会、信用組合、労働金庫連合会、労働金庫、信用農業協同組合連合会、農業協同組合、信用漁業協同組合連合会、漁業協同組合）

M1＝現金通貨＋預金通貨

現金通貨：銀行券発行高＋貨幣流通高

預金通貨：要求払預金（当座、普通、貯蓄、通知、別段、納税準備）—調査対象金融機関の保有小切手・手形

M2：対象金融機関：日本銀行、国内銀行（除くゆうちょ銀行）、外国銀行在日支店、

信金中央金庫、信用金庫、農林中央金庫、商工組合中央金庫

M2＝現金通貨＋国内銀行等に預けられた預金

対象金融機関：M1と同じ。

M3：

M3＝M1＋準通貨＋CD（譲渡性預金）＝現金通貨＋全預金取扱機関に預けられた預金

準通貨：定期預金＋据置貯金＋定期積金＋外貨預金

対象機関：M3対象金融機関、国内銀行信託勘定、中央政府、保険会社等、外債発行機関

広義流動性：

広義流動性＝M3＋金銭の信託＋投資信託＋金融債＋銀行発行普通社債＋金融機関発行CP＋国債＋外債

細かい規定の差異を意識する必要はあまりない。マネーストックとしては、通常はM2だけを考えれば十分であろう。なお当然のことであるが、M2では「国内銀行等に預けられた預金」のほうが圧倒的に多い。「要求払い預金」と呼ばれるものだが、これによって日銀券を使うことなしに決済が行われる。これをマネーストックとするということは、通貨の大半は銀行の帳簿の中にあるということになる。通貨なしでは資本主義社会では経済活動は一日たりと立ち行かないことを考えれば、資本主義における金融機関の重要性はこのことだけからもわかる。

マネタリーベース

日銀のホームページからまとめると以下のようになる。

マネタリーベースとは、「日本銀行が供給する通貨」のこと。具体的には、市中に出回っているお金である流通現金（「日本銀行券発行高」＋「貨幣流通高」）と「日銀当座預金」の合計値。つまり、

マネタリーベース＝「日本銀行券発行高」＋「貨幣流通高」＋「日銀当座預金」

となる。これをベースマネーということもある。

なお、日銀のホームページには以下のような留意事項が書いてある。

（1）マネタリーベースの流通現金は、マネーストック統計の現金と異なり、金融機関の保有分が含まれます。これは、マネーストックが「（中央銀行を含む）金融部門全体から経済に対して供給される通貨」であるのに対し、マネタリーベースは「中央銀行が供給する通貨」であるためです。

（2）１９８１年３月以前のマネタリーベースは以下の定義であり、それ以降の計数とは不連続です。

マネタリーベース（１９８１／３月以前）＝「日本銀行券発行高」＋「貨幣流通高」＋「準備預金額」

（注）「日本銀行が供給する通貨」という観点では、準備預金非適用先（短資会社、証券会社等）の日銀当座預金も含む「日銀当座預金」の方が「準備預金額」より適当と考えられることから、２０００年５月に現在の定義に変更し、１９８１年４月以降分について新しいベースのデータで遡及公表しました。

日銀の留意からわかるように、マネーストックとマネタリーベースは概念上の差異がある。日銀が供給するものに限定するか（マネタリーベース）、信用創造を含んだ金融部門全体からの供給にまで拡大するか（マネーストック）かの違いだという。そう言われても、この違いは庶民には実感が湧かない。間違いなく言えることは、この違いは庶民にはあまり関係のない話だというだ。

もっとも、「関係のない」のは庶民だけであって、本当はこの混同は大きな問題を引き起こす。本山は、著名なマネタリストであるミルトン・フリードマンにもこの混同が見られるとして、次のように批判している（本山［2008］130―1頁）。

フリードマンは、1930年代のアメリカの大恐慌の主犯はFRBだとする。その根拠は、恐慌の時は、中央銀行たるFRBがマネーサプライ（マネーストック）を増やせばいいのに、FRBはそれを怠ったというものである。しかし、中央銀行が増やせるのは、マネタリーベースだけである。そしてマネタリーベースを増やしても恐慌時にはマネーサプライは減少することがある。だから、いくら中央銀行がマネタリーベースを増やそうと、それだけで恐慌対策にはならない。フリードマンはマネタリーベースとマネーサプライの違いがわかっていないからこういう誤りを犯す。

利益相反［70］

本来は利害が対立する行為を同一の主体が実施すること。たとえば、規制当局者がその規制を受ける企業の出身者である場合は、規制すべき時にも規制をせずに、出身企業に便宜を図るという事態が生じることがある。

また、直接金融（投資銀行、証券業）と間接金融（商業銀行）を兼務する場合にも利益相反が生じる。「たとえば社債の発行によって、企業に融資した貸付金を回収し（直接金融）、そのあとで社債がデフォルトになった場合、間接金融機関（商業銀行）が負うはずのリスクを直接金融の出し手（投資家）に転嫁することになる。この観点から両者（直接金融と間接金融）の兼業は禁止されていた」（本多［2000］52頁）。しかし「禁止されていた」のはもう過去形になった。

証券や債権の格付け機関が債券発行組織の依頼を受けて格付けを行うことも利益相反を引き起こすことになる。しかも上の二つよりももっと悪質である。ルービニによれば、これは「狐に鶏小屋を守らせるようなもの」だ。「格付け機関には、高格付けを付与しようとするインセンティブがある。証券化商品に高格付けを付与すれば、証券の発行主体から高額の手数料を受け取り、将来のビジネスの約束も取り付けられるからだ。逆に、現実的な評価をすれば、将来の分を含めて手数料を失いかねない。だから、格付けを依頼されれば品質保証シールを与え、問題の起こらないよう期待する方がずっといい」（ルービニ他［2010］93頁）。「狐に鶏小屋を守らせる」ことが破滅を招かないわけがない。2008年の世界金融危機を引き起こした原因の一端はこれにあるといってもいい。

こういうことが放置されていたとすれば、それが理由で金融機関が危機に陥ったとしても、救済すべき理由はほとんどない。しかし、金融機関は救済され、格付け機関は安泰のままである。

流動性の罠（liquidity trap）

新古典派（主流派）の理論では利子率が低下すれば、貯蓄意欲は低下し、消費や投資需要は増大する。しかし、利子率が極端に低下するともはや誰も投資や消費をしようとしなくなる。つまり、（金利操作による）金融政策は効力を持たなくなる。これが「流動性の罠」と呼ばれるものである。投資や消費の低迷の原因を利子率に求めることが「適切」かどうかは疑問が残るが、少なくとも、こういう状態に「流動性の罠」という玄人しかわかりそうにない用語をあてることは到底「適切」とは言い難い。

ケインズは（そして主流派経済学も）、流動性の罠が生じている不景気のときには、資金の供給よりも、政府が財政支出を増やす方がもっと効果的だと主張した。しかしここ20年の日本（あるいは2008年来のアメリカ）の現実を見れば、この主張は誤っていると言わなければならない。財政出動は一過性のものに終わり、投資や消費の拡大には向かわなかったのである。

これは流動性の罠という考え方の背景にある景気循環にかかる理解に問題があることを示しているが、ケインジアンからも新古典派からもそういう反省は聞いたことがない。

流動性不足と支払い不能［26］

「流動性」とは物理の世界の用語のような響きがあるが、金融の世界の用語でもある。金融にあっては、「流動性」は資金が用意できるということを意味する。したがって流動性不足とは、十分な資金が用意できないということである。この理由はいくつかある。資産は十分にあるが、さまざまな理由でその資産を即座に妥当な価格で売却し、資金化することができない場合もそうだし、そもそも売却できる資産が不足、あるいは枯渇している場合もある。後者が「支払い不能」ということになる。

流動性が不足しているだけの銀行（健全な銀行）と、支払い不能状態にある銀行（不健全な銀行）を区別するのは難しい。いいかえれば、次の点を見極められるか否かが問題となる。資産をすぐに現金化できないにしても、負債よりも資産が多いのはどの銀行なのか。逆に、資産よりも負債が多

く、そのために自己資本を事実上失い、支払い不能に陥っているのはどの銀行なのか。（ルービニ他［２０１０］１３７頁）

流動性が不足しているだけなら、「最後の貸し手」としての中央銀行が救うのはある意味では当然である。しかし実際には、支払い不能な銀行、すなわち本来は倒産して当然の銀行までもが救われている。

劣後ローン［57］

日銀の行う劣後ローンの引き受けについては東京新聞（２００９年4月10日）の説明が少し古いがわかり易い。

〈質問〉「最近、日銀が銀行の資本増強策として『劣後ローン』を引き受け、銀行を支援するという報道を目にしました。この狙いは何ですか。そもそも『劣後』とは何が『劣っている』のでしょうか」＝東京都世田谷区・七十歳代元教員。

Ｑ　なぜ日銀の支援策が必要なのですか。

Ａ　企業が営業を続けるには原料仕入れ代金や従業員の給料を払うため運転資金を銀行に融通してもらうことは重要です。ところが現在は銀行の体力が落ち、十分な融資が困難になっているのです。

銀行は貸し出しが焦げ付いた際の損失をカバーするために、自由に使えるお金をある程度持っていなければなりません。これが「自己資本」と呼ばれるお金で、銀行の株主が株式の所有と引き換えに払い込んだお金です。銀行が一般の人々から預かった預金は必ず返さなければならないのに対して、自己資本は損失の穴埋めにも使えます。銀行は貸出総額に対する自己資本の割合を一定水準に維持することが国際ルールで決められています。

ところが、現在は焦げ付きの急増や、保有株式の下落で損が膨らみ、自己資本が減少してしまう心配が出てきました。国際ルールを守るには自己資本を増強するか、貸し出しを絞るかしなければなりません。貸し出しを絞れば、企業をさらに窮地に追いやり、景気がさらに悪化してしまいます。そこで、日銀が銀行にお金を融通することで自己資本を補強する手段が「劣後ローン」の引き受けです。

Q なぜ劣後ローンを使うのですか。

A 銀行の不良債権問題が深刻化した一九九〇年代には、銀行を救済するために、政府が株式を取得する代わりに巨額の公的資金を銀行に注入しました。その際は銀行の経営責任の追及など条件をつけ、政府が厳しく監督しました。しかし、現在は公的資金が必要なほど、大手銀行経営は悪化しておらず、銀行も政府に株式を持たれて監視が強化されるのを警戒し、公的資金を避けています。

こうした中で苦肉の策として登場したのが日銀による「劣後ローン」の引き受けです。「劣後」というのはほかの借り入れに比べ返済の優先順位が「劣っている」という意味。銀行の損失が急増し破綻（はたん）した場合、預金やほかの銀行から借りている金は優先的に返済されても、優先順位が低い「劣後ローン」は必ずしも満額返済しなくてもよいのです。このため銀行からすると、劣後ローン発行で受け入れたお金は、自分の自由が利くお金であり、自己資本への繰り入れが認められています。

Q　支援策が実際に発動される可能性は。

A　いまのところ、銀行は普通株発行など自分で資金を調達しようとしていますが、景気悪化で焦げ付きは増えており、発動される可能性は捨てきれません。銀行が最終的に破綻すれば、劣後ローンは焦げ付き、日銀には損失が発生することになります。

レポ取引

これは仲間内でしか意味が通じない「ジャーゴン」（隠語）に近い。「買戻し」を英語でRepurchaseといい、その先頭の2音節に「取引」をつなぎ合わせた言葉である。つまり買い戻し条件付き取引ということである。こんなものは無理な略称など使わずに、キチンと「買い戻し条件付き取引」とすればいいと思うのだが、それを「レポ取引」といってしまったんでは、部外者には何のことかわからない。こういうジャーゴンがまかり通るのが金融の世界なのであろう。

おわりに（「遅くなったお礼」を込めて）

本書の冒頭で「入門書とは、寝転んでメモをとることもなく、興味本位で読んでいるうちに、その分野に関心が湧いてくるというものではないか」とした。そう書いていて、高校生のころに出会ったひとりの数学教師のことを思い出した。

数学は、全くの不得手というわけではないが、好きになれない科目の一つであった。それが高校生の頃ある教師に出会って少し変わった。その教師はいつも朝から酔っぱらっていたような気がする。毎回鼻の頭を赤くして教室に現れた。最初の授業を始めるときに、「教科書とノートを机にしまえ。俺の話を聞いているだけでいい。それで諸君らは数学を理解できるようなる」と言った。この発言に対して他の生徒がどういう反応を見せたかは、覚えていない。私は、数学の教科書を読むのは苦痛であったし、ノートをとるのも嫌いであった。そして数学の授業に対して多くを期待していたわけでもないから、「これは好都合だ」と単純に考え、机の上から教科書とノートを取り払い、ただ、教師の話すことを聞くだけにした。

それだけのことであって、決してこのアルコール中毒のような教師のいうことを信用してわけではない。しかし、学期の終わりに、私の数学嫌いはほとんど完治していた。教科書も読まず、ノートも取らずに、ただ教師の話を聞いていただけで数学はなんとなくわかるようになった。何よりも数学的論理に対する違和感が消えていた。

数学の教え方についてこの教師より優れた教師に出会ったことはないが、高校の教師としては人格的に問題があったのかもしれない。彼に教えて貰った期間は短かった。もし、もう少し長い間、彼が数学を教えてくれていたら、私は数学が心底好きになっていたかもしれない。短期間しか彼の授業を聞けなかったのが、今となっては悔やまれる。この教師は当時すでに40代であったから、もう故人になっている可能性もある。ひどく遅れてしまったが、また幽明境を異にしているかもしれないが、この場を借りて遅くなったお礼を言いたい。

入門書の最大の課題は興味をかきたてることにある。逆に、読んでいて苦痛になるようでは興味も湧かない。妙味が湧かないようなものでは、「入門」お断り書になってしまう。そうであれば、基礎的知識を習得するという目的を犠牲にしても、「面白そうだから、少し覗いてみようか」という気になってもらうほうが、よほどましだといえる。そう考えて、書いてみたが、その試みが成功したかどうかは、自分ではわからない。大方の批判を期待したい。

今回もまた多くの人たちの世話になった。ここで名を上げるのは控えたいが、それらの人たちの支援がなければ本書が完成することはなかった。また文献については、家の近くの市立図書館に随分と世話になった。財政難の折からこの図書館も雑誌・書籍の購入費の面などで厳しい状態が続いているようだが、様々な工夫をしながら頑張っている。エールを送りたい。
しかし、一番の感謝は社会評論社の松田健二氏に向けなければならない。出版界が苦しい状況にある中で、本書のようなものの出版を配慮していただいたことは感謝に堪えない。そのことがなければ、私は財政の勉強などすることはなかったであろうし、次の一文に接することもなかったはずである。

学ぶという行為は他者から教えられることを意味しない。自己の存在と関わっているのである。（神野［2007］370頁）

参考文献

参考文献は、邦語および邦訳のあるものに限定した。

ジャック・アタリ『国家債務危機』（作品社、２０１１）
ジョヴァンニ・アリギ『長い２０世紀』（作品社、２００９）
――『北京のアダム・スミス』（作品社、２０１１）
有田哲文『ユーロ連鎖危機』（朝日新聞社、２０１１）
池尾和人『現代の金融入門　新版』（ちくま新書、２０１０）
井堀利宏『「小さな政府」の落とし穴』（日本経済新聞社、２００７）
岩本沙弓『為替占領』（ヒカルランド、２０１１）
奥村宏『経済学は死んだのか』（平凡社新書、２０１０）
小野善康『景気と国際金融』（岩波新書、２０００）
川北稔『イギリス近代史講義』（講談社現代新書、２０１０）
岸田秀『性的唯幻論序説』（文春新書、１９９９）
ヨーゼフ・シュムペーター『経済発展の理論』（岩波文庫、１９７７）
――『租税国家の危機』（岩波文庫、１９８３）
チャルマーズ・ジョンソン『アメリカ帝国への報復』（集英社、２０００）
白井さゆり『欧州激震』（日本経済新聞社、２０１０）

白川方明『現代の金融政策――理論と実践』(日本経済新聞社、2008)
神野直彦『財政学　改定版』(有斐閣、2007)
ジョセフ・スティグリッツ『公共経済学』(マグロウヒル出版、1989)
武田知弘『ヒトラーの経済政策』(祥伝社新書、2009)
パーサ・ダスグプタ『経済学』(岩波書店、2008)
ロナルド・ドーア『金融が乗っ取る世界経済』(中公新書、2011)
エマニュエル・トッド『帝国以後』(藤原書店、2003)
ジェフリー・ピリング『ケインズ経済学の危機』(昭和堂、1991)
藤井聡『公共事業が日本を救う』(文春新書、2010)
藤原章生『ギリシャ危機の真実』(毎日新聞社、2010)
本多佑三『初めての金融』(有斐閣、2000)
水野和夫『金融大崩壊』(NKH出版・生活人新書、2008)
ハイマン・ミンスキー『ケインズ理論とは何か』(岩波書店、1999)
エドワード・メルツ『シュムペーターのウィーン』(日本経済評論社、1998)
本山美彦『金融権力』(岩波新書、2008)
ヌリエル・ルービニ、スティーブン・ミーム『大いなる不安定』(ダイヤモンド社、2010)
ジョン・ロック『市民政府論』(岩波文庫、1968)
渡邉努・岩村充『新しい物価理論』(岩波書店、2004)

人名・著作名　索引

片桐幸雄（かたぎり・さちお）
1948年　新潟県に生まれる
1973年　横浜国立大学卒業，日本道路公団入社
同公団総務部次長，内閣府参事官（道路関係四公団民営化推進委員会事務局次長）
等を経て，2008年定年退職
主たる論文と著書
〈論文〉
「1931年のクレジット・アンシュタルト（オーストリア）の危機と東欧農業恐慌の関連性について」（『研究年報　経済学』（東北大学経済学会，第52巻第２号，1990年）
「『世界経済論の方法と目標』をめぐって」（東北大学経済学会，第56巻第４号，1995年）
「国際通貨の何が問題か」（『経済理論学会年報第35集』経済理論学会編，青木書店，1998年）
「この『危機』から見えてくるもの」（『プランＢ』2009年８月号）
〈著書〉
『国際通貨問題の課題』批評社，1996年
『現代の資本主義を読む』（共著）批評社，2004年
『市場経済と共同体』（共著）社会評論社，2006年
『スラッファの謎を楽しむ』社会評論社，2007年

なぜ税金で銀行を救うのか——庶民のための金融・財政入門——

2012年４月10日　初版第１刷発行

著　著——片桐幸雄
装　幀——桑谷速人
発行人——松田健二
発行所——株式会社 社会評論社
東京都文京区本郷2-3-10お茶の水ビル
TEL.03-3814-3861/FAX.03-3818-2808
http://www.shahyo.com
印刷・製本——株式会社ミツワ

片桐幸雄【著】

スラッファの謎を楽しむ

『商品による商品の生産』を読むために

Puzzling book を推理する。

謎を考える過程で、スラッファが新古典派経済学をどう批判しようとしたか（あるいはリカードからマルクスまでの古典派経済学をどう復活させようとしたのか）について、自分で考えるようになる。それこそが、経済学の教科書化を克服するための最も有効な方法だともいえる。

A 5 判上製／280頁／定価：3570円
ISBN978－4－7845－0875－4